PRACTICAL ENGLISH FOR THE GOSPEL
Mission English Conversation & Standard English Prayer 개정판

복음 전도를 위한 실용영어

선교영어회화 & 영어기도법

차재국·배아론 지음

기독교문서선교회

기독교문서선교회(Christian Literature Crusade: 약칭 CLC)는
1941년 영국 콜체스터에서 켄 아담스에 의해 시작되었으며
국제 본부는 영국의 쉐필드에 있습니다.
국제 CLC는 59개 나라에서 180개의 본부를 두고, 약 6500여 명의
선교사들이 이동도서차량 40대를 이용하여 문서 보급에 힘쓰고 있으며
이메일 주문을 통해 130여 국으로 책을 공급하고 있습니다.
한국 CLC는 청교도적 복음주의 신학과 신앙서적을 출판하는
문서선교기관으로서, 한 영혼이라도 구원되길 소망하면서
주님이 오시는 그날까지 최선을 다할 것입니다.

PRACTICAL ENGLISH FOR THE GOSPEL

Mission English Conversation
&
Standard English Prayer

The Second Edition

Written by
Jae Guk, Cha · Aaron, Bae

Copyright ⓒ 1996, 2015 by Christian Literature Center
Seoul, Korea

개정판을 펴내면서

우리나라 선교영어의 효시

약 20년 전 아직 선교영어 또는 신학영어라는 용어가 생소한 때에 저자는 우리나라 최초로 『선교영어회화 & 영어기도법』을 펴내면서 그동안 끊임 없이 독자들의 사랑을 받아왔다.

본서는 해외로 선교 또는 복음사역을 위해 떠나는 분들에게 거의 필독서 처럼 읽혀지고, 국내의 여러 기독교 대학에서 교재로 사용 되고 있으며, 심지어 미국 대학에서 공부하는 한인 유학생들의 성경공부 교재로도 사용되고 있다.

이렇듯 본서를 향해 아낌없는 애정을 보여 주신 독자들에게 깊은 감사의 마음을 전하면서 그들의 관심과 사랑에 조금이라도 보답하기 위하여 이번에 개정판을 펴내게 되었다.

미국 Reformed Theological Seminary에서 선교학을 공부하여 박사학위를 받고 다년간 미국에서 English Ministry 사역을 했던 배아론 교수(고신대)의 새로운 학문적 통찰을 첨가하게 되어 본서가 더욱 알찬 내용으로 독자들에게 선보이게 되었다.

가일층 upgrade된 개정판이 선교에 강한 뜻을 두고 있으나 영어에 다소 약한 사람들에게 더 많은 격려와 위로를 줌은 물론, 그들의 뜻을 이룰 수 있는 수준에까지 영어 실력을 배양해 줄 수 있기를 기대한다.

끝으로 이 책을 펴는 데 지혜와 인내를 주신 하나님께 감사드리며, 본서를 출판해 주신 기독교문서선교회(CLC)의 박영호 사장님께 깊은 감사를 드린다.

2015년 9월
차재국, 배아론

Contents

개정판을 펴내면서   5

PART ONE: Introduction (도입)

1. **Do you have any religion?**   10
   종교가 있으세요?

2. **Are you a Christian?**   13
   예수 믿으십니까?

3. **Which church do you attend?**   17
   어느 교회에 출석하십니까?

4. **What denomination does your church belong to?**   20
   어느 교파에 속해 있습니까?

5. **How long have you been attending church?**   22
   교회에 나가신 지 얼마나 되십니까?

6. **Who is senior pastor of your church?**   26
   출석하시는 교회 당회장 목사님이 누구십니까?

7. **Where is your church located?**   31
   출석하시는 교회가 어디에 위치해 있습니까?

8. **When was your church established?**   33
   출석하시는 교회는 언제 설립되었습니까?

9. **What is the membership of your church?**   35
   출석하시는 교회의 교인 수는 몇 명입니까?

10. **What are you in charge of in your church?**   37
    교회에서 직분이 무엇입니까?

11. **What is your future hope for Jesus Christ?**   40
    예수 그리스도를 위한 장래 희망이 무엇입니까?

12. **I study theology at a seminary.**   43
    저는 신학대학원에 다닙니다.

13. **I used to be an anti-Christian.**   46
    저는 과거에 기독교를 반대했던 사람입니다.

14. **Please let me hear about your personal testimony.**   47
    귀하의 간증을 들려주십시오.

15. **We welcome you to our church.**   49
    저희 교회에 오심을 환영합니다.

16. **Do you read the Bible every day?**   51
    매일 성경을 읽으십니까?

17. **Do you pray every day?**   54
    매일 기도하십니까?

18. **Do you like to sing hymns?**   57
    찬송하기를 즐겨 하십니까?

19. **Were you moved by the pastor's sermon?**   60
    목사님 설교에 은혜 받으셨습니까?

20. **Do you attend every official worship?**   62
    모든 공 예배에 출석하십니까?

21. **How to preside Worship Service in English**   66
    영어 예배 인도법

PART TWO: Development (전개)
How to proclaim Christ & His Gospel to others
(그리스도와 그의 복음을 전하는 법)

1. **God**   71
   하나님

2. **God's Words**   75
   하나님의 말씀

3. **The Gospel**   77
   복음

4. **All Human Beings are sinners**   79
   모든 사람이 죄를 범함

5. **Christ died and redeemed us from our sins**   81
   그리스도께서 우리를 대속하심

6. **Only faith in Christ saves us**   86
   믿음으로만 구원 받음

7. **New and re-birth in Christ**   90
   예수 안에서 새로 태어남

8. **We are Christ's creature and disciples**   91
   우리는 그리스도의 피조물이며 제자

9. **Separate from the World**   92
   세상을 사랑치 않음

Contents

10. No other way of Salvation   94
다른 종교에는 구원이 없음

11. Made Heavenly Citizens   95
천국 시민이 됨

12. Holy Spirit   96
성령

13. Love each other   98
서로 사랑하라

14. Bridge to Life   99
생명으로 인도하는 다리

PART THREE: How to Pray in English
(영어기도법)

Section 1: Introduction   104
도입

Section 2: The kinds of prayers   107
기도의 종류

Section 3: The common prayers   111
일반 기도문 작성법

Section 4: Models of short prayers   119
단편 기도문 작성의 예

Section 5: Prayers by topics   130
주제별 기도문

PART ONE

Introduction
(도입)

01 DO YOU HAVE ANY RELIGION?
종교를 가지고 있습니까?

❶ Do you have any religion?
종교를 가지고 있습니까?

Yes, I do. I am a Christian.
네, 저는 기독교인입니다.

✓ **Notice**

> 크리스쳔이라는 단어는 헬라어 Christianos에서 파생된 단어이다. Christianos는 Christos 즉 기름부음 받은 자에서 파생되었다. 이후 라틴어 Christianus로 사용되었는데 ianus(따르는자, 추종하는 자)가 붙음으로 그리스도를 따르는 자라는 의미를 지니게 되었다. 서양에서는 Christian이라는 이름이 많은데 이 단어에서 여러 다양한 형태의 이름이 생겨났다. Chris, Christopher 등이 그 예다.

❷ What is your religion?
귀하의 종교가 무엇입니까?

I am a Buddhist.
저는 불교도입니다.

+ Confucius (유교도)
+ Moslem (Muslim) (회교도)
+ Hindu (힌두교도)

❸ Please tell me what your religion is.
귀하의 종교가 무엇인지 말씀하여 주십시오.

My religion is Christianity.
저의 종교는 기독교입니다.

I am from a Christian family.
저는 기독교 가정에서 태어났습니다.

❹ May I ask you of your religion?
종교가 무엇인지 물어 봐도 됩니까?

Sure, I believe in Jesus.
아무렴요, 저는 예수 믿는 사람입니다.

I was born in a Christian home.
저는 기독교 가정에서 태어났습니다.

❺ Would/Could you please tell me what your religion is?
귀하의 종교가 무엇인지 좀 말씀하여 주시겠습니까?

Well, I'm an atheist.
글쎄요, 저는 무신론자입니다.

Well I don't consider myself to have a religion.
글쎄요, 저에게는 종교가 없습니다.

I was raised Catholic although I am not practicing at this moment.
저는 가톨릭 집안에서 자랐습니다만 지금은 성당에 다니지 않습니다.

I grew up very conservative Christian and I still consider myself to be a Christian.
저는 아주 보수적인 기독교 집안에서 자랐고 지금도 저는 제 스스로 보수적인 크리스천이라고 생각합니다.

+ a freethinker 자유사상가 (무신론자)
+ a unbeliever 불(비)신자

❻ Do you mind telling me something about your religion?
귀하의 종교가 무엇인지 말씀하여 주시면 실례가 될까요?

Not at all. I don't believe in any god.
아니, 괜찮아요. 저는 신의 존재를 믿지 않습니다.

I don't have any religion.
저는 종교가 없습니다.

✓ Review Practice

1. 당신은 당신의 현재의 종교에 만족하십니까?

Are you satisfied with your religion?
Are you happy with your current religion?

2. 당신의 종교를 바꿀 생각은 없으신지요?

Why don't you change your religion?
Why don't you have another religion?

3. 제가 새로운 종교를 소개해 드려도 실례가 되지 않을까요?

Do you mind if I introduce to you another religion?

4. 제가 믿는 종교는 너무 좋습니다.

My religion is very good.

02 ARE YOU A CHRISTIAN?
종교를 가지고 있습니까?

❶ Are you a Christian?
예수 믿으십니까?

Yes, I am.
네, 그렇습니다.

❷ Do you believe in God?
하나님을 믿으십니까?

No, I'm afraid not.
아니오, 그렇지 않습니다.

❸ Do you trust in God?
하나님을 믿으십니까?

✓ **Notice**

지금 미국에서 'trust in God'은 기독교에서만 쓰이는 표현이 더 이상 아니다. "In God we trust"(우리는 하나님을 믿습니다)라는 문구는 1864년 미국 동전에 처음으로 등장한데 이어 1957년에 지폐에 생긴 문구이다(아이젠하워 대통령 집무 때). 그 당시만 하더라도 미국은 God을 우리가 믿고 있는 하나님이라고 받아 들여졌다. 하지만 근대에 들어와 God은 일반적인 신의 의미로 받아들여질 만큼 미국이 세속화되었다.

Yes, I do.
네, 그렇습니다.

❹ **Do you believe in Jesus Christ?**
예수 그리스도를 믿으십니까?

Yes, I believe in Jesus Christ.
네, 저는 예수 그리스도를 믿습니다.

❺ **Do you trust in Jesus Christ?**
예수 그리스도를 믿으십니까?

No, I don't.
아니오.

❻ **Do you accept Jesus Christ as your Savior(Saviour)?**
예수님 그리스도를 구주로 영접하십니까?

Yes, I do accept Jesus as the only Savior.
네, 저는 예수님을 유일하신 구주로 분명히 받아들입니다.

❼ **Do you know who God is?**
하나님이 어떤 분이신지 아십니까?

No, I've never heard about God. Nobody told me about God.
아니오, 하나님에 대해서 들어 본적이 한 번도 없습니다.
아무도 얘기해준 적이 없었으니까요.

❽ Have you ever heard of Jesus Christ?
예수 그리스도에 대해서 들어 보셨습니까?

Yes, one of my friends introduced Jesus Christ to me when I was in high school.
네, 고등학교 때, 제 친구가 소개해 주었습니다.

❾ Do you happen to be a Christian?
혹시 기독교인이십니까?

You bet.
그렇습니다.

❿ You might be a Christian.
기독교인으로 보이는데요.

⓫ You must be a Christian.
예수 믿는 분이시군요.

⓬ You are a Christian, aren't you?
예수 믿는 분이시죠?

⓭ I bet you are a Christian.
예수 믿는 분이시죠?

⓮ I suppose you are a Christian.
예수 믿는 분으로 보이는데요.

✓ Review Practice

1. 당신은 예수님을 개인적으로 만나셨습니까?

   Have you met Jesus in person?

2. 당신은 하나님의 소명을 받았습니까?

   Have you been called to God?
   Have you got God's calling?

3. 그 사실을 어떻게 아십니까?

   How do you know that?

✓ Notice

* 서구사회에서의 노방전도 이야기

미국은 종교의 자유가 보장된 나라이다. 하지만 어디까지나 법적인 측면에서만 그렇다. 크리스천들에게 더 이상 호의적인 곳이 아니다. 미국 마트나 shopping mall(백화점) 등에서 1대1 개인전도를 하는 것은 위법의 행동으로 간주된다. 또한 마을을 돌아다니며 가가호호 전도를 하는 것 역시 범죄으로 제재를 당할 수 있다. 개인의 사생활에 방해를 준다는 이유 때문이다. 미국을 돌아다니다 보면 'No Soliciting'이라는 문구가 집 앞에 붙여져 있는 것을 발견할 수 있는데 이런 문구를 본다면 그 근처로 가면 안 된다. 그 문구는 일종의 잡상인 금지라는 뜻인데 전도를 하려고 벨을 누르면 경찰에 신고 당할 수도 있다.

03 WHICH CHURCH DO YOU ATTEND?
종교를 가지고 있습니까?

❶ Which church do you attend?
어느 교회에 출석하십니까?

I attend Hankuk Church.
『한국교회』에 다닙니다.

❷ Which church do you belong to?
어느 교회에 적을 두고 계십니까?

I belong to Hankuk Church.
저는 『한국교회』에 속해 있습니다.

❸ Which church are you from?
어느 교회 출신입니까?

I'm from a small church in Wonjoo.
저는 원주에 있는 조그마한 교회 출신입니다.

❹ Which church do you go to every Sunday?
매 주일마다 어느 교회에 가십니까?

I used to attend Hankuk Church, but now I attend Seoul Church.
저는 과거에는 『한국교회』에 출석하였으나, 지금은 『서울교회』에 출석합니다.

❺ What is the name of your church?
교회 이름이 무엇입니까?

The name of my church is 'Grace Church'.
저희 교회 이름은 『은혜교회』입니다.

❻ What is the name of the church you attend/go to/belong to?
출석하시는/ 나가시는/ 적을 둔 교회 이름이 무엇입니까?

I have attended Hankuk Church for many years with my parents.
저는 부모님과 함께 여러 해 동안 『한국교회』에 출석해 오고 있습니다.

I am a member of Hankuk Church.
저는 『한국교회』의 교인입니다.

> ✓ **Notice**
> Member의 비슷한 말로는 Congregation(성도)이 있다. 성직자와 구분지어 lay person이라고 쓰이기도 한다. 가끔 pew라는 단어도 쓰이기도 하는데 pew는 교회 실내에 있는 긴 의자이며 유적으로 성도라는 의미를 지니고 있다. Pew Bible 하면 비치용 성경책을 의미한다.

I have attended Hankuk Church since I was born.
저는 태어난 이후로 쭉 『한국교회』에 출석해 오고 있습니다.

I have attended Hankuk Church since I was married in 1980.
저는 1980년도에 결혼 이후로 쭉 『한국교회』에 출석해 오고 있습니다.

This is the church I attend.
바로 이 교회가 제가 출석하는 교회입니다.

That church on the Han river is the one I attend.
한강변에 있는 저 교회가 제가 다니는 교회입니다.

That church on the corner of the crossroad is the one I go to.
네거리 모퉁이에 있는 저 교회가 제가 나가는 교회입니다.

✓ Review Practice

1. 당신은 지금까지 교회를 몇 차례 옮기셨나요?

How many times have you changed your churches so far?

2. 당신은 교회를 자주 옮기는 편입니까?

Are you a church-hopper?

3. 교회를 옮기는 이유가 주로 무엇입니까?

What do you think is the main reason for your changing churches so often?

04. WHAT DENOMINATION DOES YOUR CHURCH BELONG TO?
어느 교파에 속해 있습니까?

❶ What denomination does your church belong to?
당신의 교회는 어느 교파에 속해 있습니까?

My church belongs to the Presbyterian denomination.
저희 교회는 장로교에 속해 있습니다.

❷ What denomination do you belong to?
당신은 어느 교파에 속해 있습니까?

I belong to the Holiness Church.
저는 성결교에 속해 있습니다.

❸ What denomination do you come from?
어느 교파 출신입니까?

I come from the Baptist Church.
저는 침례교 출신입니다.

❹ What denomination are you from?
어느 교파 출신입니까?

I'm from the Methodist Church.
저는 감리교 출신입니다.

His denomination is a conservative one.
그의 교단은 보수 교단입니다.

The doctrine of their denomination is liberal.
그들 교단의 교리는 자유주의적입니다.

Their doctrine is heretical.
그들의 교리는 이단적입니다.

- the Methodist Church — 감리교
- the Baptist Church — 침례교
- the Evangelical Church — 복음주의
- the Anglican Church — 성공회
- the Full Gospel Church — 순복음
- The Assembly of God — 하나님의 성회
- the Holiness Church — 성결교
- the Salvation Army Church — 구세군
- the Pentecost Church — 오순절
- the Lutheran Church — 루터교
- the Holy Spirit Church — 성령주의
- the Reformed Church — 개혁주의
- the Orthodox Church — 정교회
- the Independence Church — 독립 교회
- heresy — 이단
- heretical — 이단적인
- the Roman Catholic Church — 천주교
- the Moonism, The Unification Church — 통일교
- the Jehovah's Witness — 여호와의 증인
- the Mormonism (The Latter Day Saints) — 몰몬교
- Sabbath (The Seventh-Day Adventist) — 안식교

✓ **Notice**

미국 교회에서 교파를 나눌 때 개신교(Protestantism), 로마 가톨릭(Roman Catholic Church), 동방정교회(Orthodox Christianity), 그리고 말일성도교회(The Church of Jesus of Latter-day Saints)로 나눈다. 개신교 크기는 침례교, 오순절, 루터교, 장로교(개혁주의), 감리교, 성공회 순이다.

05 HOW LONG HAVE YOU BEEN ATTENDING CHURCH?
교회 나가신 지 얼마나 됩니까?

❶ How long have you been attending church?
교회 출석하신 지 얼마나 되셨습니까?

I have been attending church for five years.
5년간 다니고 있습니다.

❷ How long have you been a Christian?
기독 신자가 되신 지 얼마나 되셨습니까?

I have been a Christian for seven years.
7년간 예수 믿고 있습니다.

❸ When did you start to go to church?
교회에 언제 처음 나가셨습니까?

I started to go to church last year.
작년부터입니다.

❹ When did you begin to attend church?
교회에 언제 처음 나가셨습니까?

I began to attend church since last September.
지난 9월부터입니다.

❺ At what age did you become a Christian?
몇 살 때 기독 신자가 되셨습니까?

I became a Christian when I was ten years old.
10살 때입니다.

❻ How old were you when you were converted into Christianity?
몇 살 때 기독교로 개종하셨습니까?

I was twenty when I was converted into Christianity.
스무 살 때 입니다.

❼ Have you been a Christian for a long time?
예수 믿으신 지 오래되셨습니까?

Yes, I have been a Christian for about forty years.
그렇습니다. 약 40년 되었습니다.

❽ Were your parents Christians when you were born?
모태 신앙입니까(태어날 때 양친이 기독교인이었습니까)?

Yes, they were.
네, 그렇습니다.

❾ Are your parents Christians?
부모님들도 믿으십니까?

Yes, both of my parents are Christians.
네, 양친 모두 믿으십니다.

⑩ Were you born into a Christian family?
기독교 가정에 태어났습니까?

Yes, I was born into a Christian family.
네, 그렇습니다.

⑪ Are you from a Christian family?
신앙의 가정에서 대어났습니까?

Yes, I am.
네, 그렇습니다.

⑫ Are you baptized?
세례 받으셨나요?

Yes, I'm.
네, 저는 세례 교인입니다.

⑬ When were you baptized?
언제 세례 받으셨나요?

I was baptized when I was a baby.
제가 유아 때 세례를 받았습니다(유아 세례를 받았습니다).

✓ **Notice**

Baptism(세례)은 헬라어 baptisma에서 파생되었는데 씻음이라는 뜻을 지니고 있다. 세례를 시행하는 방법은 교파마다 다양한데 aspersion은 머리에 물을 뿌리는 방법, affusion은 머리에 물을 붓는 법, immersion 혹은 submersion은 물속에 몸이 완전히 들어가는 것을 말한다.

✓ Review Practice

1. 당신은 거듭났습니까?

Are you born again?
Are you a born-again Christian?

2. 당신은 학습을 받았습니까?

Are you semi-baptized?
Are you pre-baptized?

06 WHO IS SENIOR PASTOR OF YOUR CHURCH?
귀하 교회의 담임 목사님은 누구십니까?

① Who is senior pastor of your church?
당신 교회의 담임 목사님은 누구십니까?

The senior pastor of our church is (the) Rev. Min-Joon Kang.
우리 교회의 담임 목사님은 강민준 목사님이십니다.

✓ **Notice**

> Senior라는 단어는 일반적으로 60세 이상을 주로 지칭하는 말이다. 서구에서는 senior citizen이라는 표현을 선호하는데 old people이라는 말의 의미보다 어른들을 존경하는 의미를 지니기 때문이다. 그래서 담임 목사님이라는 표현에 적합한 표현이다. Senior citizen이 되면 식당, 극장 등 공공시설의 할인 혜택을 받는다.

② What is the name of the officiant of your church?
당신 교회의 당회장 목사님은 누구십니까?

Who is moderator of your church conference?
그 교회 당회장 목사님은 누구신가요?

(The) Rev. Sung-Min Chun is officiant of our church.
천성민 목사님이 우리 교회 당회장 목사님이십니다.

③ Who is in charge of your church?
당신 교회의 시무 목사님은 누구십니까?

> **Notice**
> in charge of는 '담당하다' 라는 의미로 I am in charge of admissions (저는 입학관련 담당자입니다), She is in charge of management (그녀는 관리를 담당합니다)라는 뜻이 된다.

❹ Who is ministering at your church?
당신 교회에서 목양하시는 목사님은 누구십니까?

> **Notice**
> Minister는 기독교에서 목회 혹은 선교적 차원에서 쓰이고 일반적인 의미로는 '~를 돕다'는 뜻으로 사용된다. 그래서 Ministry of Health and Welfare 는 보건 복지부를 의미하고 Prime Minister하면 국무총리가 된다.

Rev. Sang-Mok Kim is ministering at my church.
김상목 목사님께서 우리 교회를 목양하십니다.

(The) Rev. Sang-Mok Kim used to be moderator of our denomination.
김상목 목사님은 총회장을 역임하셨습니다.

He is one of the leading pastors in Korea.
그 분은 한국 교계를 인도해 나가시는 목사님들 중의 한 분이십니다.

He has a very strong spiritual power.
그 분은 강한 영력을 지니신 분입니다.

He is a minister full of (or filled with) the Holy Spirit (Ghost).
그 분은 성령이 충만하신 목회자입니다.

❺ How many associate pastors does your church have?
당신 교회의 부목사님은 누구십니까?

We have three associate pastors.
세 분의 부목사님이 계십니다.

❻ How many assistant (junior) pastors are there in your church?
당신 교회에는 몇 분의 부교역자들이 계십니까?

We have twelve assistant pastors in our church.
우리 교회에는 12분의 부교역자들이 계십니다.

❼ How many evangelists are there in your church?
당신 교회에는 몇 분의 전도사님들이 계십니까?

There are three woman evangelists in our church.
우리 교회에는 세 분의 여전도사님들이 계십니다.

✔ **Notice**

Evangelist는 한국에서 많이 쓰이는 표현이다. 서양에서 전도사는 intern이라는 단어를 쓴다. 특정 부서 교역자 가령 고등부 사역자일 경우는 high school (senior high) pastor라고 쓰이기도 한다.

❽ How many student pastors are there in your church?
당신 교회에는 몇 분의 교육 전도사님들이 계십니까?

There are seven student pastors in my church.
일곱 분의 교육 전도사님들이 계십니다.

⑨ How many elders are there in your church?
당신 교회에는 몇 분의 장로님들이 계십니까?

There are twelve elders in our church.
12분이 계십니다.

> ✓ **Notice**
> 장로교에서는 2가지 elder가 있다. 목사를 teaching elder라고 하고 장로를 ruling elder라고 부른다.

⑩ How many ordained deacons are there in your church?
당신 교회에는 몇 분의 장립 집사님들이 계십니까?

There are twenty ordained deacons in my church.
우리 교회에는 20명의 장립 집사님들이 계십니다.

⑪ How many senior deaconesses are there in your church?
당신 교회에는 몇 분의 권사님들이 계십니까?

My church has fifteen senior deaconesses.
우리 교회에는 15분의 권사님들이 계십니다.

> ✓ **Notice**
> 서양 권에서는 여자 집사 그리고 권사를 두지 않는 편이다. 권사를 exhorters라고 쓰기도 하는데 이 역시 서양인들에게는 생소한 표현이다.

⑫ How many (acting/temporary) deacons are there in your church?
당신 교회에는 몇 분의 (서리) 집사님들이 계십니까?

There are three hundred and seventy acting deacons in our church.
370명의 남녀 서리 집사님들이 계십니다.

✓ Review Practice

1. 당신 교회 담임 목사님은 어떤 분이신가요?

What is the senior pastor in your church like?

1) 설교를 잘 하십니다.

He is a good preacher.

2) 심방을 잘 하십니다.

He is good at visiting people.

3) 교인들을 잘 돌보십니다.

He takes care of church-members very well.
He takes a good care of church-members.

07 WHERE IS YOUR CHURCH LOCATED?
귀하의 교회는 어디에 위치해 있습니까?

❶ Where is your church?
귀하의 교회는 어디에 위치해 있습니까?

My church is at Dongdaemun.
저희 교회는 동대문에 있습니다.

❷ Where is your church located?
귀하의 교회는 어디에 위치해 있습니까?

My church is located at Jongro.
저희 교회는 종로에 있습니다.

The church I attend is located in Youngdeungpo, Seoul.
제가 출석하는 교회는 서울 영등포에 위치해 있습니다.

❸ Is your church near here?
귀하의 교회는 이 근처에 있습니까?

Yes, it takes just five or ten minutes from here.
네, 여기서 겨우 5-10분 걸립니다.

❹ Are there any big buildings near your church?
당신 교회 근처에 큰 건물들이 있습니까?

Yes, my church is near the Yuksam Building.
네, 저희 교회는 63빌딩 근처에 있습니다.

My church is two blocks from KBS.
저희 교회는 KBS에서 두 블록 떨어져 있습니다.

❺ Is there a subway station near your church?
당신 교회 근처에 지하철역이 있습니까?

No, I'm afraid there is no subway station near my church.
아니오, 저희 교회 근처에 지하철역이 없습니다.

❻ Where should I get off in order to go to your church?
당신 교회에 갈려면 어디에 내려야 합니까?

Please get off at Sadangdong Station.
사당동역에 하차 하십시오.

❼ Which bus stop should I get off to get to your church?
당신 교회에 갈려면 어느 버스 정류장에 내려야 합니까?

You should get off at Seochodong bus stop.
서초동 버스 정류장에 내리셔야 합니다.

✓ Review Practice

1. 자신의 교회에 가는 길을 영어로 자세히 소개해보세요.

08 WHEN WAS YOUR CHURCH ESTABLISHED?
귀하의 교회는 언제 설립되었습니까?

❶ When was your church established?
귀하의 교회는 언제 설립되었습니까?

My church was established in 1955.
저희 교회는 1955년에 설립되었습니다.

❷ In what year was your church founded?
귀하의 교회는 언제 설립되었습니까?

My church was founded in 1980.
저희 교회는 1980년에 설립되었습니다.

❸ How old is your church?
귀하의 교회는 얼마나 오래 되었나요?

My church is forty-five years old.
45년 되었습니다.

❹ Does your church have a long history?
귀하의 교회는 긴 역사를 가지고 있나요?

Yes, my church has forty-five years' history.
네, 45년의 역사를 가지고 있습니다.

❺ How long history does your church have?
귀하의 교회는 얼마나 긴 역사를 가지고 있습니까?

My church has only ten years' history.
저희 교회는 겨우 10년의 역사를 가지고 있습니다.

✓ Notice

설립에 관한 다양한 뉘앙스 이야기;
설립을 묘사하는 표현들은 founded, established, created 등이 있다. 일반적으로 found는 어떤 단체가 시작함을 나타내는데 라틴어 fundus (밑)이라는 단어에서 파생된 것으로 보아 밑바닥부터 시작하다는 의미와 연관된 듯하다. 또한 fundus는 자금과 연관이 있기에 자금과 연관된 단체의 시작과 밀접한 관련이 있다. 또 다른 단어인 established는 라틴어 sedes, 즉 의자라는 단어에서 파생되었는데 특히 정부나 법률이 있는 단체를 뜻한다. 정부나 U.N.과 같은 단체들이 여기에 포함된다. Created는 앞의 두 단어와 별개로 단순히 무에서 유로 창조된 것을 말하며 반드시 법률과 같은 것이 요구되는 것은 아니다.

✓ Review Practice

1. 우리 교회는 1900년도에 설립되었습니다.

   My church was established in 1900.

2. 우리 학교는 순교자의 피 위에 설립되었습니다.

   My school was founded on the basis of martyrs' blood.

09 WHAT IS THE MEMBERSHIP OF YOUR CHURCH?
귀하 교회의 교인 수는 몇 명입니까?

❶ What is the membership of your church?
귀하 교회의 교인 수는 몇 명입니까?

About ten-thousand membership.
약 만 명가량 됩니다.

❷ How many members are there in your church?
귀하 교회의 교인 수는 몇 명입니까?

There are some five hundred members in my church.
우리 교회의 교인 수는 약 5백 명입니다.

❸ How many members does your church have/hold?
귀하 교회의 교인 수는 몇 명입니까?

We have around seven-hundred members in our church.
우리 교회 교인 수는 약 7백 명입니다.

❹ What is the seating capacity of your church?
당신의 교회는 몇 명을 수용할 수 있습니까?

My church has a seating capacity of 5,000.
우리 교회에는 5,000명을 수용할 수 있는 좌석이 있습니다.

❺ How many people can your church accommodate?
당신의 교회는 몇 명을 수용할 수 있습니까?

My church can accommodate 30,000 people.
우리 교회는 30,000명을 수용할 수 있습니다.

✓ 중요 단어/숙어 연구
- membership; (n) 회원 자격, 회원 수.
- capacity; (n) 용적, 용량, 수용 능력.
- seating capacity; 수용 좌석 수.
- accommodation; (n) (교통수단에서의 승객을 위한) 좌석, 숙박 시설.
- accommodate; (v) ---을 수용하다, 수용 능력이 있다.

✓ Notice

* 교회 사이즈에 대한 이야기 :
미국 교회에서 교회 크기를 이야기 할 때 일반적으로 성도 수가 그 척도가 된다. 다양한 견해가 있겠지만 한 가지 유형을 제공하면 다음과 같다.
Small church (소형교회) : 35-249명
Medium Church (중간교회) : 250-499명
Large Church (큰 교회) : 500-999명
Emerging Megachurch (준대형교회) : 1000-1999명
Megachurch (대형 교회) : 2000-9999명
Gigachurch (초대형 교회) : 10000명 이상

✓ Review Practice

1. 우리나라에는 세계에서 가장 교인수가 많은 교회가 있습니다.

   In Korea, there is a church which has the largest membership in the world.

2. 요즈음 한국 교회 교인수가 점점 감소하고 있습니다.

   Nowadays the number of members in Korean churches is getting decreased.

10 WHAT ARE YOU IN CHARGE OF IN YOUR CHURCH?
교회에서 무슨 직분을 맡으셨나요?

❶ What are you in charge of in your church?
교회에서 무슨 직분을 맡으셨습니까?

I am in charge of the Youth Group.
저는 청년회를 맡고 있습니다.

+ Sunday School 주일학교
+ High School Group 고등부
+ College (Collegian) Group 대학부

❷ What do you do in your church?
교회에서 무슨 일을 하세요?

I teach at Sunday School.
저는 주일학교에서 가르칩니다.

❸ What kind of position(office) do you hold in your church?
교회에서 무슨 직분을 맡아 있습니까?

I am a senior pastor.
저는 담임 목사입니다.

❹ Are you a pastor in your church?
교회에서 전도사님이세요?

PART ONE | Introduction (도입) 37

Yes, I am.
네, 그렇습니다.

❺ Are you an elder in your church?
교회에서 장로님이세요?

No, I am an ordained deacon.
아니오, 저는 장립 집사입니다.

✓ 중요 단어/숙어 연구
  + be in charge of : --- 을 맡다, 책임지다.
  + ordain : (v) ---서위하다, ---에게 성직을 주다, 안수를 주다.
             ---을 (감독, 목사로) 임명하다.
  + ordainer : (n) 임명자; 규정자; 규제자.
  + ordainment : (n) 임명, 규정; 하나님의 정하심.
  + office(position) holder : 직분자.

✓ Review Practice

officiant(moderator) of church conference (당회장)
senior pastor (담임 목사)
pastor = minister (목사, 교역자)
senior/executive associate pastor (수석 부목사)
associate pastor (부목사)
cooperative pastor (협동 목사)
assistant pastor (부교역자)
associate pastor for administration (행정 담당 부목사)
associate pastor for mission and evangelism, Minister of Mission & Outreach (선교 및 전도 담당 부목사)
associate pastor for congregational care, Minister of Pastoral Care (교인 관리 담당 부목사)
pastor for worship service (예배 담당 목사)
pastor for prayer ministry (기도회 담당 부목사)
Minister of Young Adults (중고등부 담당 목사)
pastor for senior adults (노인 담당 목사)
mission pastor (선교 목사)

music pastor, Minister of Music & Worship (음악 목사)
licensed preacher 강도사
Pastor (minister) of evangelism (전도 담당 교역자)
Intern, student pastor, education pastor (교육 전도사)
elders (ruling elders), presbyter (장로)
exhorter = senior deaconess (권사)
deacon (남자 집사)
deaconess (여자 집사)
church financial officer (교회 재정 담당)
music director (악장)
pianist (피아니스트)
organist (오르간니스트)
secretary, Administrative Assistant (사무원)
bookkeeper (회계원)
sunday school (children's) director (주일학교 부장)
sunday school teacher (주일학교 교사)
nursery director (유아교육 부장)
nursery attendant (유아교육 담당자)
sexton (교회 관리 집사)
acoustician = acoustic staff (음향기기 담당자)
computer/multimedia operator (전산 담당자)

11. WHAT IS YOUR FUTURE HOPE IN JESUS CHRIST?
예수 그리스도 안에서 귀하의 희망은 무엇입니까?

❶ What is your future hope in Jesus Christ?
예수 그리스도 안에서 귀하의 희망은 무엇입니까?

Well, my future hope is to become an evangelist on a small island.
글쎄요, 저의 희망은 작은 섬에서 전도하는 일입니다.

❷ What is your future plan in Jesus Christ?
예수 그리스도 안에서 귀하의 장래 계획은 무엇입니까?

I plan to proclaim the Gospel in foreign countries.
저는 외국에서 복음을 전하고 싶습니다.

❸ What do you want to become in the future for Jesus Christ?
예수 그리스도를 위해서 장차 무엇을 하고 싶습니까?

I want to become a missionary in one of the African countries.
저는 아프리카의 한 나라에서 선교사가 되고 싶습니다.

I want to become a missionary serving in a foreign country.
저는 외국에서 사역하는 선교사가 되고 싶습니다.

❹   That sounds great! Where do you want to work?
    그것 좋은 생각이군요. 어디에서 사역하시고 싶습니까?

    I want to work in one of the South Eastern Asian countries.
    동남아 국가에서 사역하고 싶습니다.

❺   Do you have any good reason for that?
    그렇게 하시는 어떤 타당한 이유라도 있습니까?

    Well, I suppose there should be many things for me to do in such a needy place.
    글쎄요, 그런 어려운 곳에는 제가해야 할 일이 많을 것 같아서요.

❻   How do you want to serve God in the future after studying theology?
    신학을 공부한 후에 장차 하나님을 어떻게 섬기기를 원하십니까?

    I want to serve God as a minister or a pastor.
    목사나 교역자로서 하나님을 섬기고 싶습니다.

❼   Why do you study theology?
    신학을 공부하는 이유가 무엇입니까?

    I study theology to become a theologian in the future.
    장차 신학자가 되기 위하여 신학을 공부합니다.

❽   What is the main reason for your studying theology?
    신학을 공부하는 주된 이유가 무엇입니까?

Because I am going to become a pastor in a church.
어느 한 교회에서 사역하는 목회자가 되기 위해서입니다.

✔ 중요 단어/숙어 연구
+ evangelist; 복음 전도자(사).
+ missionary; 선교사; mission; 사명, 전도, 선교.
+ theology; 신학
+ theologian; 신학자(도)

✔ Notice

목사를 지칭하는 단어들; pastor, minister, reverend. 참고로 Reverend는 축약해서 Rev.라고 쓰기도 한다. 영어는 이런 식의 축약을 많이 쓰이는데 Doctor를 Dr. Professor를 Prof.라고 쓴다. 사람뿐 아니라 웨스트민스터 신앙고백서를 WCF(Westminster Confession of Faith)로, 워싱턴 주립대를 UW(University of Washington)이라고 쓴다.

✔ Review Practice

1. 자신의 장래 비전을 영어로 쓰시오.

12 I STUDY THEOLOGY AT A SEMINARY.
저는 신학대학원에 다닙니다.

❶ I study theology at a seminary (theological seminary) in Seoul.
저는 서울에 있는 한 신학대학원에서 신학을 공부하고 있습니다.

❷ I attend a seminary in Busan.
저는 부산에 있는 한 신학대학원에 다닙니다.

❸ I graduated from a theological college.
저는 신학대학을 졸업하였습니다.

❹ I studied at a Bible college.
저는 성경대학에서 공부하였습니다.

❺ I received a B. A. degree in Theology at London School of Theology.
저는 런던신학교에서 신학학사 학위를 취득하였습니다.

❻ I received a Th. M. degree at Biblical Seminary in America.
저는 미국 비블리칼신학대학원에서 신학석사 학위를 취득하였습니다.

⑦ I received a master degree in Missiology at Reformed Theological Seminary in America.
저는 미국 개혁주의신학대학원에서 선교학석사 학위를 취득하였습니다.

⑧ I received a Ph. D. degree in the New Testament at Westminster Theological Seminary.
저는 미국 웨스트민스터신학대학원에서 철학박사 학위를 취득하였습니다.

⑨ I received a Doctoral degree in the Old Testament at Trinity Theological School.
저는 미국 트리니티신학대학원에서 구약학분야에 박사 학위를 취득하였습니다.

⑩ I studied theology at the postgraduate course at Oxford University.
저는 옥스퍼드대학교 대학원에서 신학을 연구하였습니다.

⑪ I studied religious studies under the supervision[1] of Dr. John Drane at Stirling University for three years.
저는 스털링대학교에서 존 드레인 박사의 지도 아래 종교학을 연구하였습니다.

⑫ I plan to further my study for higher degree in the States or in Britain after graduating from the school I am attending now.
저는 지금 재학 중인 학교를 졸업한 후에 미국이나 영국에서 고 학위(석, 박사) 과정에서 계속 연구할 계획입니다.

---

1 지도교수는 Academic Advisor라고 하고 논문 담당 교수를 chair라고 한다.

⑬ I have been praying about studying in one of overseas countries after completing undergraduate course in Korea.
저는 한국에서 학부 과정을 끝낸 후 외국 유학을 가기 위하여 기도해 오고 있습니다.

⑭ I have been praying to God about being accepted in a graduate school in Germany.
저는 독일의 한 대학원의 입학 허가를 취득할 수 있도록 하나님께 기도하고 있습니다.

✓ **Review Practice**

* 학위 종류

〈학사〉
- 문학사: B. A. (Bachelor of Arts)
- 이학사: B. S. (Bachelor of Science)
- 신학사: Th. B. (Bachelor of Theology)

〈석사〉
- 문학석사: M. A. (Master of Arts)
- 이학석사: M. S. (Master of Science)
- 목회학석사: M. Div. (Master of Divinity)
- 신학석사: Th. M. (Master of Theology)

〈박사〉
- 신학박사: Th. D. (Doctor of Theology)
- 철학박사: Ph. D. (Doctor of Philosophy)
- 선교학박사: D. Miss. (Doctor of Missiology)
- 목회학박사: D. Min. (Doctor of Ministry)
- 명예신학박사: D. D. (Doctor of Divinity)
- 의학박사: M. D. (Doctor of Medicine)
- 법학박사: LL. D. (Doctor of Laws)
- 공학박사: D. Eng. (Doctor of Engineering)
- 교육학박사: Ed. D. (Doctor of Education)
- 이학박사: D. Sc. (Doctor of Science)

13 I USED TO BE AN ANTI-CHRISTIAN.
저는 과거에 기독교를 반대했던 사람입니다.

❶ I used to be an anti-Christian.
저는 기독교를 반대했던 사람입니다.

❷ I used to oppose Christianity.
저는 기독교를 반대했었습니다.

❸ I used to persecute Christians.
저는 기독교인들을 핍박했었습니다.

❹ I wasn't a Christian in my childhood.
저는 학창시절에는 기독교인이 아니었습니다.

❺ I harassed Christians in the past.
저는 과거에 기독교인들을 괴롭혔습니다.

✓ Notice
Anti ; ~을 반하여. 다양한 용도로 쓰인다. anti-Christian은 기독교를 반대하는 사람을 뜻하고 군대에서 anti-aircraft missile은 전투기 방어 미사일이라는 뜻이고 의학용어로 anti inflammatory medicine이라고 하면 소염제가 된다.

✓ Review Practice
1. Who or what persecute or hinder your life as a Christian?

14 PLEASE LET ME HEAR ABOUT YOUR PERSONAL TESTIMONY.
귀하의 간증을 들려주십시오.

❶ Please let me hear about your personal testimony.
간증을 좀 들려주십시오.

❷ Could you please tell me your personal testimony?
간증을 좀 들려주실 수 있겠습니까?

❸ Would you tell me your personal testimony?
간증을 좀 들려주실 수 있겠습니까?

❹ Can you share your testimony for us?
저희들에게 간증을 들려주실 수 있습니까?

❺ Do you mind telling me your personal testimony?
간증을 좀 들려주시지 않으시겠습니까?

❻ Do you have any testimony to share with us?
우리에게 들려주실 간증이 있으신지요?

❼ Do you have any motivation for your converting into Christianity?
기독교로 개종하신 어떤 동기라도 있습니까?

❽ Would you tell me the motivation for your becoming a Christian?
기독교인이 되신 어떤 동기라도 있습니까?

❾ What made you a Christian?
어떻게 기독교인이 되셨습니까?

✔ 중요 단어/숙어 연구
+ testimony; (n) 증언, 증명, 신앙 선언.
+ share sth with sb; ---(무생물)을 ---(생물)과 나누어 갖다.
+ convert; (vt)---을 전환시키다, 변환하다, 개종시키다;
         (vi) 전환하다, 개종하다.
+ motivation; (n) 동기

✔ **Review Practice**

1. What is the turning points in your Christian life?

15 WE WELCOME YOU TO OUR CHURCH.
저희 교회에 오심을 환영합니다.

❶ Is this your first visit to our church?
저희 교회에 처음 오셨습니까?

Yes. I've never been here before.
네, 전에 한 번도 이곳에 온 적이 없습니다.

Yes, this is my first visit here.
네, 이곳은 처음입니다.

Yes, I'm a total stranger here in this church.
네, 이 교회에 완전히 처음입니다.

❷ We welcome you to our church.
저희 교회에 오심을 환영합니다.

We welcome you to our church with warm Christian love.
저희 교회에 오심을 따뜻한 성도의 사랑으로 환영합니다.

❸ You are very welcome to our church.
저희 교회에 오심을 대단히 환영합니다.

❹ Welcome to our church.
저희 교회에 오심을 환영합니다.

❺ We give you our warm and hearty welcome.
   귀하에게 따스하고 진심 어린 환영을 보냅니다.

❻ Shall we give our warm welcoming hands to Mr. & Mrs. Kim?
   우리 다 함께 김 씨 부부에게 따스한 환영의 박수를 보낼까요?

✓ **Notice**
> 박수를 뜻할 때 대표적으로 쓰이는 단어이다. 이 외에도 round of applause, clapping hands, big hand, cheer등의 표현이 있다.

❼ Let's give our hands to our sister Miss Lee who is a new comer today.
   오늘 처음 나오신 이 양에게 박수를 보냅시다.

❽ Let's clap our hands for our brother James who has determined to accept Christ as his Saviour.
   그리스도를 구주로 영접하시기로 작정하신 제임스 형제에게 박수를 보냅시다.

✓ **Review Practice**

1. 저희 교회에 처음 오신 분은 예배 후 새신자실에 오셔서 담임 목사님을 만나시기 바랍니다.

Those who came to our church for the first time are invited to the New Comers' Room, meeting our Senior Pastor.

16 DO YOU READ THE BIBLE EVERY DAY?
매일 성경을 읽으십니까?

❶ Do you read the Bible every day?
매일 성경을 읽으십니까?

Yes, I read more than five chapters of the Bible every day.
네, 저는 매일 5장의 성경을 읽습니다.

❷ How many chapters of the Bible do you read every day?
매일 몇 장의 성경을 읽습니까?

I read about ten chapters.
약 10장씩 읽습니다.

❸ Do you meditate on God's Word regularly every day?
매일 규칙적으로 하나님의 말씀을 상고합니까?

Yes, I do.
네, 그렇습니다.

No, I'm afraid I don't find time to.
아니요, 그럴 시간이 없습니다.

No, I feel guilty that I cannot find enough time to.
아니요, 그럴 시간이 없어 마음이 편하질 못합니다.

4 How long do you read the Bible each day?
하루에 성경을 얼마나 오래 읽습니까?

5 How many hours do you spend in reading the Bible every day?
하루에 성경을 읽는 데 몇 시간을 보내십니까?

6 I read the Bible about thirty minutes a day.
하루에 약 30분가량 성경을 읽습니다.

7 I try to spend more than an hour a day in reading the Bible.
저는 매일 성경을 읽는 데 한 시간 이상을 보내려고 노력합니다.

8 I rarely find time to read the Bible every day.
저는 매일 성경 읽을 시간을 내기가 거의 어렵습니다.

9 I seldom find time to meditate on God's Word every day.
저는 매일 하나님의 말씀을 상고할 시간을 내기가 거의 어렵습니다.

10 I hardly have enough time to enjoy a Q.T. (Quiet time) every morning.
저는 매일 아침 명상의 시간(큐티)을 즐길 수 있는 시간을 내기가 거의 어렵습니다.

11 I am usually too busy to read a single chapter of the Bible every day.
저는 매일 너무 바빠서 단 한 장의 성경도 읽지 못하기가 일쑤입니다.

⑫ I am so busy that I cannot read the Bible during the week days.
저는 매일 너무 바빠서 성경을 읽을 수가 없습니다.

✓ 성경 다양한 번역본
- American Standard Version (ASV)
- New American Standard Bible (NASB)
- New International Version (NIV)
- New Living Translation (NLT)
- Revised Standard Version (RSV)
- King James Version (KJV)
- English Standard Version (ESV)

✓ Notice

브라질 포르투 알레그레에서 있었던 실화다. 한 선교사가 어느 대학가에서 기드온선교회에서 나온 성경책을 나누어 주며 전도를 하는데 어떤 정장을 입고 있는 남자가 성경을 받더니 소리를 지르며 하나님을 욕했다. 그리고서는 성경책을 인근 공사장 지붕위로 던졌다. 그날 오후 선교사는 여전히 그 곳에서 성경책을 나누어 주며 복음 증거를 하고 있었다. 그때 아스팔트 냄새가 진동하면서 한 남성이 선교사에게로 다가왔다. 인근 공사장 인부인데 온통 아스팔트 투성이었다. 그 사람이 선교사에게 하는 말이 "오늘 아침 저는 공사 현장 지붕에서 작업을 하고 있었습니다. 저는 삶의 의욕이 없고 죽고 싶은 생각뿐이었는데 기적이 일어났습니다. 하나님이 이 책으로 제 머리를 때렸습니다" 하며 성경책을 보여주었다. 그 성경책은 그날 하나님을 욕했던 남성이 던진 성경책이었다. 그 성경책은 공사장 지붕으로 날아가 공사장 인부의 머리를 때렸던 것이다. 그 사람은 "이 성경책을 조금 읽어 봤는데 영생에 대해서 기록되어 있었어요. 어떻게 하면 영생을 얻을 수 있지요?" 하며 선교사에게 물었다. 이 남성은 루이즈라는 청년이었는데 선교사는 30분 동안 그 사람에게 예수님을 증거했고 이 청년은 예수님을 영접했다.

✓ Review Practice

1. 성경은 읽으면 읽을수록 꿀처럼 달고 바다처럼 심오함을 느끼게 합니다.

The more I read the Bible, the sweeter it feels like honey and the deeper like sea.

17 DO YOU PRAY EVERY DAY?
매일 기도하십니까?

❶ Do you pray every day?
매일 기도하십니까?

Yes, I do.
네, 그렇습니다.

Yes, I try to.
네, 그렇게 하려고 노력합니다.

No, I'm afraid not.
아니요, 그렇지 못합니다.

❷ Do you pray to God for your daily life every morning?
매일 아침 하루 일과를 위해 하나님께 기도하십니까?

Yes, usually.
네, 주로 그렇게 합니다.

No, never.
아니오, 전혀.

❸ Do you have time for prayer set aside?
Do you set aside time for prayer?
따로 기도할 시간을 떼어놓습니까?

Yes, I do.
네, 그렇습니다.

❹ How many hours do you pray every day?
매일 몇 시간씩 기도하십니까?

I pray an hour every day.
매일 1시간 기도합니다.

❺ What do you pray for every day?
매일 무슨 제목으로 기도하십니까?

I pray for God's will to be realized through my daily life.
저는 하나님의 뜻이 저의 매일의 삶을 통하여 이루어지도록 기도합니다.

I usually pray for the health of my family.
저는 보통 제 가족의 건강을 위하여 기도합니다.

I pray earnestly for the progress of my family's faith.
저는 제 가족들의 신앙의 진보를 위하여 간절히 기도합니다.

❻ Let us pray together for our nation's welfare and the World's peace!
우리나라의 안녕과 세계 평화를 위해 함께 기도합시다.

❼ Let us pray for the fullness of the Holy Spirit!
성령 충만함을 위해서 함께 기도합시다.

✓ Review Practice

1. 기도는 모든 문제의 문을 여는 열쇠입니다.

Prayer is the key to the door of all the problems.

2. 기도는 우리의 안식 빛으로 인도합니다.

Prayer is a rest and leads us to the light.

3. 기도는 우리 영혼의 호흡입니다.

Prayer is the breath of our souls.

✓ Notice

"Preaching never edifies a prayerless soul."
(설교는 기도하지 않는 영혼을 결코 발전시키지 못한다)
— E.M. Bounds

18 DO YOU LIKE TO SING HYMNS?
찬송을 즐겨 부르십니까?

❶ Do you like to sing hymns?
찬송을 즐겨 부르십니까?

Do you like singing hymns?
찬송을 즐겨 부르십니까?

Yes, I do.
네, 그렇습니다.

Well, I'm not a good singer, but I like singing hymns.
글쎄요, 전 노래를 잘 부르진 못하지만 찬양을 좋아합니다.

❷ How do you like singing hymns?
찬송을 좋아하십니까?

What do you think of singing hymns?
찬송을 좋아하십니까?

How about singing hymns?
찬송을 좋아하세요?

I like it very much.
무척 좋아합니다.

Oh, I enjoy it.
오, 좋아합니다.

❸ Let's sing together in a loud voice.
우리함께 큰소리로 찬양합시다.

❹ Shall we sing together?
우리함께 찬양할까요?

Yes, with pleasure.
네, 좋습니다.

❺ I'd like to sing together.
함께 찬양하고 싶습니다.

❻ Let's praise God with our heart!
우리의 마음을 다하여 하나님을 찬양합시다.

❽ Praise the Lord!
여호와를 찬양하라.

✓ Review Practice

1. 저는 비록 음치이지만 찬양하기를 좋아합니다.

Although I'm a tone deafness, I like singing hymns.

2. 부르는 즐거움, 듣는 괴로움!

Pleasure of singing, pain of listening!

✓ Notice

찬양을 표현하는 방법은 다양하다. Sing은 일반적으로 노래하다라는 뜻이지만 찬양한다는 뜻으로도 사용된다. Praise는 찬양의 직접적인 표현이다. 그래서 찬양팀을 말할 때 Singing team 대신 Praise team 혹은 Praise band라는 표현을 사용한다. 찬양대는 합창단의 뜻을 지닌 Choir라고 한다. Praise Choir라는 표현은 잘 사용하지 않는다. Praise song 혹은 Worship song은 찬양곡을 포괄적으로 의미하고 Hymn 또는 Hymnal은 찬송가를 의미한다.

19. WERE YOU MOVED BY THE PASTOR'S SERMON?
목사님 설교에 은혜 받으셨습니까?

❶ Were you moved by our pastor's sermon?
Were you impressed by the pastor's message?
목사님의 설교에 은혜를 받으셨습니까?

Yes, very much.
네, 무척요.

Yes, I was moved (or impressed) by our pastor's sermon.
네, 목사님의 설교에 은혜를 받았습니다.

I was touched by his sermon.
목사님의 설교에 감동을 / 은혜를 받았습니다.

❷ What do you think of today's preaching?
How did you like today's message?
오늘 설교를 어떻게 생각하십니까?

I think it was just wonderful.
아주 훌륭하였습니다.

It was really a moving message.
정말 은혜스러운(감동적인) 말씀이었습니다.

It was very impressive.
아주 은혜스러웠습니다(매우 감명적이었습니다).

I like it very much.
매우 좋았습니다.

It moved my heart.
은혜스러웠습니다.(저의 심령을 움직였습니다).

It was poignant.
심령을 찌르는 말씀이었습니다.

✓ 중요 단어/숙어 연구
+ be moved by; ---에 마음이 움직이다.
+ be impressed by; ---에 감명 받다.
+ sermon; 설교
+ preach; 설교하다. preaching; 설교
+ message; 전달문, 통지, (기독교에서는 흔히) 설교.
+ poignant (pɔɪnjənt); 가슴에 사무치는, 마음을 찌르는, =moving

✓ **Review Practice**

1. 집사님, 오늘 우리 목사님 설교가 어땠어요?
Deacon, what do you think today's sermon?

1) 아주 감동적이었습니다.
Very moving.

2) 별다른 게 없었습니다. 평소와 같이 그저 그랬어요.
Nothing special. So so, as usual.

3) 너무 지나치게 윤리적인 면을 강조하는 인본주의적이었습니다.
It was humanistic with too much emphasis on ethical aspects.

4) 성도들의 삶을 너무 과소평가하는 면이 있었습니다.
It included a part of message which underestimates saints' lives.

20. DO YOU ATTEND EVERY OFFICIAL WORSHIP?
모든 공 예배에 참석하십니까?

❶ Do you attend every official worship?
모든 공 예배에 출석하십니까?

Yes, I do.
네, 그렇습니다.

Yes, I usually do.
네, 비교적 그렇습니다.

Yes, I try to.
네, 그렇게 하려고 노력하는 편입니다.

No, I only attend Sunday services.
아니오, 전 단지 주일예배만 출석합니다.

No, I only attend Sunday morning services.
아니오, 전 단지 주일 낮 예배만 출석합니다.

Well, it depends on my work schedule
글쎄요, 직장 일정에 따라 사정이 다릅니다.

❷ Do you attend early morning prayer meetings?
새벽 기도회에 출석하십니까?

Do you participate in early morning prayer meetings?
새벽 기도회에 참석하십니까?

Do you go to early morning prayer?
새벽 기도회에 가십니까?

Yes, I do.
네, 그렇습니다.

Yes, at least more than five days a week.
네, 적어도 일주일에 5일 이상은 참석합니다.

Seldom.
거의 참석하지 못합니다.

No, I can't get up early in the morning.
아니오, 전 일찍 일어날 수 없습니다.

No, I'm afraid I'm a late sleeper.
아니오, 전 새벽잠이 많습니다.

❸ Do you attend Wednesday prayer service?
수요 기도회에 참석하십니까?

Yes, I usually do.
네, 일반적으로 그렇게 합니다.

❹ Do you attend Friday overnight prayer meeting?

Do you participate in Friday overnight prayer meeting?

Do you attend Friday all-night vigil?
금요 철야 기도회에 참석하십니까?

Yes, I do.
네, 그렇습니다.

Yes, I often do.
네, 자주 참석하는 편입니다.

No, I'm afraid I'm too busy every Friday.
아니오, 매주 금요일마다 너무 바빠서요.

No, I'm too lazy to.
아니오, 너무 게을러서요.

No, never.
아니오, 아직 한 번도 못했습니다.

❺ How often do you attend early morning prayer meetings?
새벽 기도회에 얼마나 자주 참석하십니까?

I attend early morning prayer meetings at least for three days a week.
저는 새벽 기도회에 일주일에 적어도 3일은 참석하는 편입니다.

I attend for seven days per week.
저는 일주일에 7일 꼬박 참석합니다.

I seldom go to the early morning prayer meeting.
저는 거의 참석하지 못합니다.

I cannot get up at five in the morning.
저는 5시에 일어나질 못합니다.

Five o'clock is too early for me to get up.
5시는 일어나기엔 너무 이른 시간인 것 같아요.

I've never ever got up early in the morning.
저는 도저히 아침 일찍 일어나지 못합니다.

I'm a late sleeper. So I usually get up at eight or nine.
저는 잠꾸러기입니다. 그래서 8시나 9시에 일어납니다.

Unless I have late work, I always go there.
늦게까지 일이 없으면 항상 참석합니다.

✓ Review Practice

1. 이번 주는 특별 새벽 기도회에 참석하느라 몹시 피곤합니다. 그러나 영적으로는 건강합니다.

   This week I am tired a lot because I attend special early morning prayer meetings, but I feel spiritually healthy.

21. HOW TO PRESIDE WORSHIP SERVICE IN ENGLISH
영어 예배 인도법

Prelude	전주
Greetings	인사
Announcement	광고
God Calls Us	**하나님께서 우리를 부르십니다**
Invocation	기원
Psalm of Praise	찬양
God Cleanses Us	**하나님께서 우리를 깨끗이 하십니다**
Confession of Sins	죄의 고백
Declaration of Forgiveness	사죄의 은총 확인
Response to God's Declaration	하나님의 사죄에 화답
Doxology	송영
Psalm of the Week	금주의 시편
Hymn of Praise	찬송
Prayer of Praise	기도
God Instructs Us	**하나님께서 우리를 가르치십니다**
Scripture	성경
Sermon	설교
Response to God's Words	하나님의 말씀에 화답
The Creed	사도신경
Anthem	특송
Offering	연보
Pastoral Prayer and Lord's Prayer	목회기도 및 주기도
God Feeds Us	**하나님께서 우리를 먹이십니다**
Response to God's Gift	하나님의 선물에 화답
Prayer of Thanksgiving	감사기도
Closing Hymn	폐회 찬송
God Commissions Us	**하나님께서 우리를 일터로 보내십니다**
Charge	부탁
Benediction	축도
Response to God's Charge	하나님의 부탁에 화답
Threefold Amen	삼중 아멘
Welcoming New Comers	새 신자 환영

❶ Before our worship service, let's exchange greetings with each other.
예배 전에 서로 인사를 교환하십시다.

❷ Good morning, I am going to preside at this worship.
반갑습니다. 제가 이 예배의 사회를 보겠습니다.

❸ Let us start our worship service with silent meditation according to the prelude.
다함께 주악에 맞추어 묵도함으로 예배를 시작하겠습니다.

❹ God is calling us. We should respond to His calling with pleasure.
하나님께서 우리를 부르십니다. 기꺼이 그의 부르심에 화답합시다.

❺ Let us praise the Lord by singing hymn number 100.
찬송가 100장을 부르심으로 하나님을 찬양합시다.

❻ Elder Sang-Jae Lee will pray for us. Let us pray together.
이상재 장로님께서 기도 인도하시겠습니다. 다함께 기도합시다.

❼ Now Rev. Samuel Park will preach a sermon.

Now Rev. Samuel Park will deliver a message.

Now Rev. Samuel Park will proclaim God's word.
이제 사무엘 박목사님께서 설교하시겠습니다.

❽ Now we are going to give our heart to God with offertory (offering).
이제 하나님께 헌금으로 우리의 마음을 드리겠습니다.

- an offertory box (헌금함)
- an offering plate (헌금접시)
- offertory music (헌금송)

❾ We are going to close worship service with the Benediction given by Rev. Young-Bin Min.
민영빈 목사님께서 축도하심으로 예배를 마치겠습니다.

❿ Now it is time for announcements.
이제 광고 시간입니다.

⓫ We welcome you to our church with warm Christian greetings.
저희 교회에 오신 것을 성도의 사랑으로 뜨겁게 환영합니다.

⓬ We love you with the love of Jesus Christ.
예수 그리스도의 사랑으로 사랑합니다.

⓭ Welcome to our church. Our church is committed to encouraging and helping people to reach the full extent of God's purpose for their lives.
저희 교회에 오신 분들을 환영합니다. 저희 교회는 하나님께서 사람들을 위하여 예정하신 광대한 모든 목적을 이룰 수 있도록 사람들을 격려하고 도와주는 일에 헌신하는 교회입니다.

⑭ It is a pleasure for me to welcome you to our church.
Our church is a church of strong, evangelical convictions within the Reformed tradition.
저희 교회에 오신 분들을 진심으로 환영합니다.
저희 교회는 개혁주의 전통 안에서 강한 복음주의를 지향하는 교회입니다.

PART TWO

Development
(전개)

How to proclaim Christ & His Gospel to others
(그리스도와 그의 복음 전하는 법)

01 GOD
하나님

❶ God is almighty, great and powerful, glorious, splendid, and majestic.
하나님은 전능하시며, 광대하시고, 영화로우시며, 장엄하시며, 위엄이 있으신 분이십니다.

❷ God is able to give you more than you need, so that you will always have all you need for yourself and more than enough for every good cause.
하나님은 당신에게 필요 이상의 것을 주시는데, 이는 당신에게 모든 것이 넉넉하여 모든 선한 일을 넘치게 하려 하심입니다.

❸ God is merciful and loving God, and He is always patient, kind and faithful.
하나님은 긍휼을 베푸시며, 사랑이 많으신 하나님이시며, 언제나 노하기를 더디 하시며 인자하시며 성실하십니다.

❹ So, please leave all your worries with him, because he cares for you.
당신의 염려를 다 주께 맡기십시오. 왜냐하면 하나님께서 당신을 돌아보시기 때문입니다.

✓ 참조할 성경구절

Oh, the depth of the riches of the wisdom and knowledge of God! How unsearchable His judgments, and His paths beyond tracing out!(Romans 11:33).
깊도다 하나님의 지혜와 지식의 풍성함이여, 그의 판단은 헤아리지 못할 것이며 그의 길은 찾지 못할 것이로다(롬 11:33).

"Can anyone hide in secret places so that I cannot see him?" declares the Lord. "Do not I fill heaven and earth?" declares the Lord(Jeremiah 23:24).
여호와의 말씀이니라 사람이 내게 보이지 아니하려고 누가 자신을 은밀한 곳에 숨길 수 있겠느냐 여호와가 말하노라 나는 천지에 충만하지 아니하냐(렘 23:24).

And God is able to make all grace abound to you, so that in all things at all times, having all that you need, you will abound in every good work(2 Corinthians 9:8).
하나님이 능히 모든 은혜를 너희에게 넘치게 하시나니 이는 너희로 모든 일에 항상 모든 것이 넉넉하여 모든 착한 일을 넘치게 하게 하려 하심이라(고후 9:8).

"Yours, O Lord, is the greatness and the power and the glory and the majesty and the splendor, for everything in heaven and earth is Yours. Yours, O Lord, is the kingdom; You are exalted as head over all. Wealth and honor come from You; You are the ruler of all things. In Your hands are strength and power to exalt and give strength to all. Now, our God we give You thanks, and praise Your glorious name"
(1 Chronicles 29:11-13).
여호와여 위대하심과 권능과 영광과 승리와 위엄이 다 주께 속하였사오니 천지에 있는 것이 다 주의 것이로소이다 여호와여 주권도 주께 속하였사오니 주는 높으사 만물의 머리이심이니이다. 부와 귀가 주께로 말미암고 또 주는 만물의 주재가 되사 손에 권세와 능력이 있사오니 모든 사람을 크게 하심과 강하게 하심이 주의 손에 있나이다. 우리 하나님이여 이제 우리가 주께 감사하오며 주의 영화로운 이름을 찬양하나이다(대상 29:11-13).

But the Lord is faithful, and He will strengthen and protect you from the evil one(2 Thessalonians 3:3).
주는 미쁘사 너희를 굳건하게 하시고 악한 자에게서 지키시리라
(살후 3:3).

But just as He who called you is holy, so be holy in all you do; for it is written: "Be holy, because I am holy."
(1 Peter 1:15-16).
오직 너희를 부르신 거룩한 이처럼 너희도 모든 행실에 거룩한 자가 되라. 기록되었으되 내가 거룩하니 너희도 거룩할지어다 하셨느니라
(벧전 1:15-16).

Great is the Lord and most worthy of praise; His greatness no one can fathom(Psalm 145:3).
여호와는 위대하시니 크게 찬양할 것이라 그의 위대하심을 측량하지 못하리로다(시 145:3).

This is love: not that we loved God, but that He loved us and sent His Son as an atoning sacrifice for our sins(1 John 4:10).
사랑은 여기 있으니 우리가 하나님을 사랑한 것이 아니요 하나님이 우리를 사랑하사 우리 죄를 속하기 위하여 화목 제물로 그 아들을 보내셨음이라(요일 4:10).

But You, O Lord, are a compassionate and gracious God, slow to anger, abounding in love and faithfulness
(Psalm 86:15).
그러나 주여 주는 긍휼히 여기시며 은혜를 베푸시며 노하기를 더디 하시며 인자와 진실이 풍성하신 하나님이시오니(시 86:15).

And we know that in all things God Works for the good of those who love Him, who have been called according to His purpose(Romans 8:28).
우리가 알거니와 하나님을 사랑하는 자 곧 그 뜻대로 부르심을 입은 자들에게는 모든 것이 합력하여 선을 이루느니라(롬 8:28).

"So do not fear, for I am with you; do not be dismayed, for I am your God. I will strengthen you and help you; I will uphold you with My righteous right hand."(Isaiah 41:10).
두려워 말라 내가 너와 함께 함이니라 놀라지 말라 나는 네 하나님이 됨이니라 내가 너를 굳세게 하리라 참으로 너를 도와주리라 참으로 나의 의로운 오른손으로 너를 붙들리라(사 41:10).

I can do everything through Him who gives me strength(Philippians 4:13).
내게 능력 주시는 자 안에서 내가 모든 것을 할 수 있느니라(빌 4:13).

He who did not spare His own Son, but gave Him up for us all-how will He not also, along with Him, graciously give us all things?(Romans 8:32).
자기 아들을 아끼지 아니하시고 우리 모든 사람을 위하여 내주신 이가 어찌 그 아들과 함께 모든 것을 우리에게 주시지 아니하겠느냐
(롬 8:32).

And my God will meet all your needs according to His glorious riches in Christ Jesus(Philippians 4:19).
나의 하나님이 그리스도 예수 안에서 영광 가운데 그 풍성한 대로 너희 모든 쓸 것을 채우시리라(빌 4:19).

Cast all your anxiety on Him because He cares for you
(1 Peter 5:7).
너희 염려를 다 주께 맡기라 이는 그가 너희를 돌보심이라(벧전 5:7).

02 GOD'S WORD
하나님의 말씀

❶ Have you ever heard about God and His word, sir?
귀하께서는 하나님과 그의 말씀에 대해서 들어 보셨습니까?

❷ Let me introduce to you God's word which is called 'the Bible'.
성경이라 불리어지는 하나님의 말씀을 귀하에게 소개하겠습니다.

❸ The Bible is the only God-inspired book in the world.
성경은 이 세상에서 하나님의 영감으로 된 유일한 책입니다.

❹ The Bible is the living Word of God.
성경은 하나님의 살아 계신 말씀입니다.

❺ The Word of God is living and active.
하나님의 말씀은 살아 있고 원동력이 있습니다.

❻ So, the Bible is useful for teaching, correcting and training in righteousness. Most of all, the Bible leads us to the salvation after our death.
그러므로 성경은 가르침과 바르게 함과 옳은 일을 훈련하기에 유익합니다. 무엇보다도, 사후에 우리를 구원으로 인도하여 줍니다.

❼ God lives in us through His Words.
　 하나님께서는 그의 말씀을 통해서 우리 안에 거하십니다.

✓ 참조할 성경구절

All scripture is God-breathed and is useful for teaching, rebuking, correcting and training in righteousness
(2 Timothy 3:16).
모든 성경은 하나님의 감동으로 된 것으로 교훈과 책망과 바르게 함과 의로 교육하기에 유익하니(딤후 3:16).

03 THE GOSPEL
복음

❶ The Gospel is the power of God for the salvation of everyone in the world.
복음은 세상 모든 사람들을 구원케 하는 하나님의 능력입니다.

❷ The reason I proclaim Christ is to present you perfect in Christ.
제가 그리스도를 전파하는 이유는 귀하를 그리스도 안에서 완전한 사람으로 세우기 위함입니다.

❸ I love you, my dear brother, so I'd like to share with you the Gospel of God.
형제여, 제가 형제를 사랑하므로 하나님의 복음을 함께 나누고 싶습니다.

✓ **참조할 성경구절**

I am not ashamed of the Gospel, because it is the power of God for the salvation of everyone who believes: first for the Jew, then for the Gentile(Romans 1:16).
내가 복음을 부끄러워하지 아니하노니 이 복음은 모든 믿는 자에게 구원을 주시는 하나님의 능력이 됨이라 먼저는 유대인에게요 그리고 헬라인에게로다(롬 1:16).

To them God has chosen to make known among the Gentiles the glorious riches of this mystery, which is Christ in you, the hope of glory. We proclaim Him, admonishing and teaching everyone with all wisdom, so that we may present everyone perfect in Christ(Colossians 1:27-28).
하나님이 그들로 하여금 이 비밀의 영광이 이방인 가운데 얼마나 풍성한지를 알게 하려 하심이라 이 비밀은 너희 안에 계신 그리스도시니 곧 영광의 소망이니라. 우리가 그를 전파하여 각 사람을 권하고 모든 지혜로 각 사람을 가르침은 각 사람을 그리스도 안에서 완전한 자로 세우려 함이니(골 1:27-28).

We loved you so much that we were delighted to share with you not only the Gospel of God but our lives as well, because you had become so dear to us(1 Thessalonians 2:8).
우리가 이같이 너희를 사모하여 하나님의 복음뿐 아니라 우리의 목숨까지도 너희에게 주기를 기뻐함은 너희가 우리의 사랑하는 자 됨이라(살전 2:8).

On the contrary, we speak as men approved by God to be entrusted with the Gospel. We are not trying to please men but God, who tests our hearts(1 Thessalonians 2:4).
오직 하나님께 옳게 여기심을 입어 복음을 위탁 받았으니 우리가 이와 같이 말함은 사람을 기쁘게 하려 함이 아니요 오직 우리 마음을 감찰하시는 하나님을 기쁘시게 하려 함이라(살전 2:4).

04 ALL HUMAN BEINGS ARE SINNERS
모든 사람이 죄를 범함

❶ No one in this world was born as a righteous man.
이 세상에서 어느 누구도 의인으로 태어난 사람은 없습니다.

❷ You and myself, we are all sinners before God.
귀하와 저 자신, 우리 모두가 하나님 앞에서 죄인들입니다.

❸ Sin separates us from God.
죄로 때문에 우리가 하나님과 분리되어 있습니다.

❹ Rather all have sinned before God, and fall short of the glory of God, and are eventually (destined) to die.
오히려 모든 사람이 하나님 앞에서 죄를 지었으므로 하나님의 영광에 이르지 못하고 마침내 죽게 되어 있습니다.

❺ The wages of sin are death, but God gives us eternal life in Christ Jesus.
죄의 삯은 죽음이지만, 하나님께서는 그리스도 예수 안에서 우리에게 영생을 주십니다.

✔ 참조할 성경구절

As it is written: "There is no one righteous, not even one(Romans 3:10).
기록한바 의인은 없나니 하나도 없으며(롬 3:10).

For all have sinned and fall short of the glory of God (Roman 3:23).
모든 사람이 죄를 범하였으매 하나님의 영광에 이르지 못하더니 (롬 3:23).

We all, like sheep, have gone astray, each of us has turned to his own way, and the Lord has laid on Him the iniquity of us all(Isaiah 53:6).
우리는 다 양 같아서 그릇 행하며 각기 제 길로 갔거늘 여호와께서는 우리 무리의 죄악을 그에게 담당시키셨도다(사 53:6).

For the wages of sin is death, but the gift of God is eternal life in Christ Jesus our Lord(Romans 6:23).
죄의 삯은 사망이요 하나님의 은사는 그리스도 예수 우리 주 안에 있는 영생이니라(롬 6:23).

Just as man is destined to die once, and after that to face judgment(Hebrews 9:27).
한 번 죽는 것은 사람에게 정해진 것이요 그 후에는 심판이 있으리니 (히 9:27).

He will punish those who do not know God and do not obey the Gospel of our Lord Jesus. They will be punished with everlasting destruction and shut out from the presence of the Lord and from the majesty of His power(2 Thessalonians 1:8-9).
하나님을 모르는 자들과 우리 주 예수의 복음에 복종하지 않는 자들에게 형벌을 내리시리니 이런 자들은 주의 얼굴과 그의 힘의 영광을 떠나 영원한 멸망의 형벌을 받으리로다(살후 1:8-9).

05 CHRIST DIED AND REDEEMED US FROM OUR SINS
그리스도께서 우리를 대속하심

① We cannot save ourselves from our sins through our own efforts.
우리 스스로의 노력으로 우리 자신을 죄에서 구원할 수 없습니다.

② Great wealth, power, high education and any other human things cannot save us.
큰 재산, 권력, 고학력이나 다른 어떤 인간적인 것도 우리를 구원할 수 없습니다.

③ Jesus bore your sins in His body on the tree cross.
예수님께서 나무 십자가에 달려 그 몸으로 귀하의 죄를 떠맡으셨습니다.

④ Christ died for you to bring you to God.
그리스도께서는 귀하를 하나님께 데려다 주시기 위해 죽으셨습니다.

⑤ Jesus Christ has destroyed death.
예수 그리스도께서 사망을 폐하셨습니다.

⑥ Jesus' death has brought us a new life.
예수님의 죽음이 우리에게 새 생명을 가져다주었습니다.

❼ First of all, you should repent your sins.
먼저 귀하의 죄를 회개하셔야 합니다.

❽ Secondly, you should accept Jesus as your Savo(u)r.
두 번째로 예수님을 구주로 영접해야 합니다.

❾ You can be a God's child by receiving Jesus as your Savio(u)r.
예수님을 구주로 영접하심으로 하나님의 자녀가 될 수 있습니다.

❿ You can be saved by accepting Jesus.
예수님을 영접하심으로 구원을 받을 수 있습니다.

⓫ Jesus Christ is the only way to save us from sin and death.
예수 그리스도만이 우리를 죄와 죽음에서 구원하실 수 있는 유일한 길 입니다.

⓬ Now, you don't have to bother yourself with your sins any more.
이제 귀하가 지은 죄 때문에 더 이상 괴로워할 필요가 없습니다.

⓭ This is because God loves you unconditionally.
이는 하나님께서 귀하를 무조건 사랑하시기 때문입니다.

⓮ Jesus used a variety of sayings to describe himself as follows.
예수님은 자신을 다음과 같이 여러 가지로 묘사하십니다.

1) I am the bread of life(John 6:35).
   나는 생명의 떡이다(요 6:35).

2) I am the vine; you are the branches. If a man remains in me and I in him, he will bear much fruit; apart from me you can do nothing (John 15:5).
   나는 포도나무요 너희는 가지라 그가 내 안에, 내가 그 안에 거하면 사람이 열매를 많이 맺나니 나를 떠나서는 너희가 아무 것도 할 수 없음이라(요 15:5).

3) I am the good shepherd. The good shepherd lays down his life for the sheep(John 10:14).
   나는 선한 목자라. 선한 목자는 양을 위하여 자기 목숨을 버리노라(요 10:14).

4) I am the gate, whoever enters through me will be saved(John 10:9).
   내가 문이니 누구든지 나로 말미암아 들어가면 구원을 얻으리라(요 10:9).

5) I am the way and the truth and the life. No-one comes to the Father except through me (John 14:6).
   나는 곧 길이요 진리요 생명이다. 나로 말미암지 않고는 아버지께로 올 자가 없느니라(요 14:6).

6) I am the light of the world. Whoever follows me will never walk in darkness, but will have the light of life(John 8:12).
   나는 세상의 빛이라. 누구든지 나를 따르는 자는 어두움에 다니지 아니 하고 생명의 빛을 얻으리라(요 8:12).

7) I am the resurrection and the life. He who believes in me will live, even though he dies; and whoever lives and believes in me will never die
(John 11:25-26).
나는 부활이요 생명이다. 나를 믿는 자는 죽어도 살겠고 무릇 살아서 나를 믿는 자는 영원히 죽지 아니하리라(요 11:25-26).

8) I am the Alpha and the Omega, the First and the Last, the beginning and the end(Revelation 22:13).
나는 알파요 오메가요, 처음과 나중이며, 시작과 끝이니라 (계 22:13).

✓ 참조할 성경구절

He Himself bore our sins in His body on the tree, so that we might die to sins and live for righteousness; by His wounds you have been healed(1 Peter 2:24).
친히 나무에 달려 그 몸으로 우리 죄를 담당하셨으니 이는 우리로 죄에 대하여 죽고 의에 대하여 살게 하심이라 그가 채찍에 맞음으로 너희는 나음을 얻었나니(벧전 2:24).

But God demonstrates His own love for us in this: While we were still sinners, Christ died for us(Romans 5:8).
우리가 아직 죄인 되었을 때에 그리스도께서 우리를 위하여 죽으심으로 하나님께서 우리에 대한 자기의 사랑을 확증하셨느니라(롬 5:8).

Who has asked us and called us to a holy life-not because of anything we have done but because of His own purpose and grace. This grace was given us in Christ Jesus before the beginning of time(2 Timothy 1:9).
하나님이 우리를 구원하사 거룩하신 소명으로 부르심은 우리의 행위대로 하심이 아니요 오직 자기의 뜻과 영원 전부터 그리스도 예수 안에서 우리에게 주신 은혜대로 하심이라(딤후 1:9).

He saved us, not because of righteous things we had done, but because of His mercy. He saved us through the washing of rebirth and renewal by the Holy Spirit(Titus 3:5).
우리를 구원하시되 우리가 행한 바 의로운 행위로 말미암지 아니하고 오직 그의 긍휼하심을 따라 중생의 씻음과 성령의 새롭게 하심으로 하셨나니(딛 3:5).

For Christ died for sins once for all, the righteous for the unrighteous, to bring you to God. He was put to death in the body but made alive by the Spirit(1 Peter 3:18).
그리스도께서도 단번에 죄를 위하여 죽으사 의인으로서 불의한 자를 대신하셨으니 이는 우리를 하나님 앞으로 인도하려 하심이라 육체로는 죽임을 당하시고 영으로는 살리심을 받으셨으니(벧전 3:18).

06 ONLY FAITH IN CHRIST SAVES US
믿음으로만 구원받음

❶ You can be saved through faith, not result of your own efforts.
귀하는 귀하 자신의 노력으로서가 아니라 믿음으로 구원받을 수 있습니다.

❷ We are put right with God by faith.
믿음으로 하나님과 바른 관계에 놓일 수 있습니다.

❸ If you confess that Jesus is the Lord you will be saved.
예수님을 주로 시인하면 구원을 받을 것입니다.

❹ By the blood of Christ we are set free from (or of) our sins.
예수 그리스도의 피로 우리는 자유롭게 됩니다. 말하자면, 우리의 죄를 사함 받게 됩니다.

❺ Through faith, all of us are God's children in union with Christ Jesus.
믿음으로 우리 모두는 그리스도 예수 안에서 하나님의 자녀가 됩니다.

❻ Jesus Christ came to seek and to save the lost like you and myself.
예수 그리스도께서 오신 것은 귀하나 저와 같이 잃어버린 자를 찾아 구원하시기 위함입니다.

❼ I wish you have assurance of salvation.
귀하께서 구원의 확신을 가지시기 바랍니다.

✓ 참조할 성경구절

For it is by grace you have been saved, through faith-and this not from yourselves, it is the gift of God-not by works, so that no one can boast(Ephesians 2:8-9).
너희는 그 은혜에 의하여 믿음으로 말미암아 구원을 받았으니 이것은 너희에게서 난 것이 아니요 하나님의 선물이라 행위에서 난 것이 아니니 이는 누구든지 자랑하지 못하게 함이라(엡 2:8-9).

That if you confess with your mouth, "Jesus is Lord," and believe in your heart that God raised Him from the dead, you will be saved. For it is with your heart that you believe and are justified, and it is with your mouth that you confess and are saved(Romans 10:9-10).
네가 만일 네 입으로 예수를 주로 시인하며 또 하나님께서 그를 죽은 자 가운데서 살리신 것을 네 마음에 믿으면 구원을 받으리라. 사람이 마음으로 믿어 의에 이르고 입으로 시인하여 구원에 이르느니라
(롬 10:9-10).

"Here I am! I stand at the door and knock. If anyone hears My voice and opens the door, I will come in and eat with him, and he with Me"(Revelation 3:20).
볼 지어다! 내가 문 밖에 서서 두드리노니 누구든지 내 음성을 듣고 문을 열면 내가 그에게로 들어가 그로 더불어 먹고 그는 나로 더불어 먹으리라(계 3:20).

I write these things to you who believe in the name of the Son of God so that you may know that you have eternal life(1 John 5:13).

내가 하나님의 아들의 이름을 믿는 너희에게 이것을 쓰는 것은 너희로 하여금 너희에게 영생이 있음을 알게 하려 함이라(요일 5:13).

All this is from God, who reconciled us to Himself through Christ and gave us the ministry of reconciliation
(2 Corinthians 5:18).
모든 것이 하나님께로서 났으며 그가 그리스도로 말미암아 우리를 자기와 화목하게 하시고 또 우리에게 화목하게 하는 직분을 주셨으니 (고후 5:18).

In Him we have redemption through His blood, the forgiveness of sins, in accordance with the riches of God's grace(Ephesians 1:7).
우리는 그리스도 안에서 그의 은혜의 풍성함을 따라 그의 피로 말미암아 속량 곧 죄 사함을 받았느니라(엡 1:7).

You are all sons of God through faith in Christ Jesus(Galatians 3:26).
너희가 다 믿음으로 말미암아 그리스도 예수 안에서 하나님의 아들이 되었으니(갈 3:26).

God made Him who had no sin to be sin for us, so that in Him we might become the righteousness of God
(2 Corinthians 5:21).
하나님이 죄를 알지도 못하신 이를 우리를 대신하여 죄로 삼으신 것은 우리로 하여금 그 안에서 하나님의 의가 되게 하려 하심이라
(고후 5:21).

It is because of Him that you are in Christ Jesus, who has become for us wisdom from God-that is, our righteousness, holiness and redemption(1 Corinthians 1:30).
너희는 하나님으로부터 나서 그리스도 예수 안에 있고 예수는 하나님으로부터 나와서 우리에게 지혜와 의로움과 거룩함과 구원함이 되셨으니(고전1:30).

And are justified freely by His grace through the redemption that came by Christ Jesus(Romans 3:24).
그리스도 예수 안에 있는 속량으로 말미암아 하나님의 은혜로 값없이 의롭다 하심을 얻은 자 되었느니라(롬 3:24).

"For the Son of Man came to seek and to save what was lost"(Luke 19:10).
인자가 온 것은 잃어버린 자를 찾아 구원하려 함이니라(눅 19:10).

For what I received I passed on to you as of first importance: that Christ died for our sins according to the Scriptures, that He was buried, that He was raised on the third day according to the Scriptures(1 Corinthians 15:3-4).
내가 받은 것을 먼저 너희에게 전하였노니 이는 성경대로 그리스도께서 우리 죄를 위하여 죽으시고, 장사 지낸 바 되셨다가 성경대로 사흘 만에 다시 살아나사(고전 15:3-4).

For you know that it was not with perishable things such as silver or gold that you were redeemed from the empty way of life handed down to you from your forefathers, but with the precious blood of Christ, a lamb without blemish or defect(1 Peter 1:18-19).
너희가 알거니와 너희 조상이 물려 준 헛된 행실에서 대속함을 받은 것은 은이나 금 같이 없어질 것으로 된 것이 아니요
오직 흠 없고 점 없는 어린 양 같은 그리스도의 보배로운 피로 된 것이니라(벧전 1:18-19).

And without faith it is impossible to please God, because anyone who comes to Him must believe that He exists and that He rewards those who earnestly seek Him
(Hebrews 11:6).
믿음이 없이는 하나님을 기쁘시게 하지 못하나니 하나님께 나아가는 자는 반드시 그가 계신 것과 또한 그가 자기를 찾는 자들에게 상 주시는 이심을 믿어야 할지니라(히 11:6).

07 NEW AND RE- BIRTH IN CHRIST
예수 안에서 새로 태어남

1 Anyone, if joined to Christ, becomes a new person.
누구든지 그리스도와 연합하면 새로운 사람이 됩니다.

✓ **참조할 성경구절**

Therefore, if anyone is in Chris, he is a new creation; the old has gone, the new has come(2 Corinthians 5:17).
그런즉 누구든지 그리스도 안에 있으면 새로운 피조물이라 이전 것은 지나갔으니 보라 새 것이 되었도다(고후 5:17).

08 WE ARE CHRIST'S CREATURE AND DISCIPLES
우리는 그리스도의 피조물이며 제자

❶ From now on Christ lives in you because you have been put to death with Christ on his cross.
귀하는 그리스도와 함께 십자가에 못 박혔으므로 이제부터는 그리스도가 귀하 안에 살아 계십니다.

❷ Therefore, you should be concerned above everything else with the Kingdom of God.
그러므로 귀하는 다른 모든 것보다 하나님 나라에 관심을 가지셔야 합니다.

✓ **참조할 성경구절**

I have been crucified with Christ and I no longer live, but christ lives in me. The life I live in the body, I live by faith in the Son of God, who loved me and gave Himself for me(Galatians 2:20).
내가 그리스도와 함께 십자가에 못 박혔나니 그런즉 이제는 내가 사는 것이 아니요 오직 내 안에 그리스도께서 사시는 것이라 이제 내가 육체 가운데 사는 것은 나를 사랑하사 나를 위하여 자기 자신을 버리신 하나님의 아들을 믿는 믿음 안에서 사는 것이라(갈 2:20).

"But seek first His kingdom and His righteousness, and all these things will be given to you as well"(Matthew 6:33).
그런즉 너희는 먼저 그의 나라와 그의 의를 구하라 그리하면 이 모든 것을 너희에게 더하시리라(마 6:33).

09 SEPARATE FROM THE WORLD
세상을 사랑치 않음

❶ I beg you not to love the world or anything that belongs to the world.
귀하께서 이 세상이나 이 세상에 속한 것들을 사랑하지 않으시도록 부탁드립니다.

❷ It's because that everything belonging to the world is sinful, perishable and selfish desires.
왜냐하면 이 세상에 속한 모든 것은 사악하며, 썩어 없어지며, 이기적인 정욕들이기 때문입니다.

✓ 참조할 성경구절

Then He said to them all: "If anyone would come after Me, he must deny himself and take up his cross daily and follow Me"(Luke 9:23).
또 무리에게 이르시되 아무든지 나를 따라오려거든 자기를 부인하고 날마다 제 십자가를 지고 나를 따를 것이니라(눅 9:23).

Do not conform any longer to the pattern of this world, but be transformed by the renewing of your mind. Then you will be able to test and approve what God's will is-His good, pleasing and perfect will(Romans 12:2).
너희는 이 세대를 본받지 말고 오직 마음을 새롭게 함으로 변화를 받아 하나님의 선하시고 기뻐하시고 온전하신 뜻이 무엇인지 분별하도록 하라(롬 12:2).

Do not love the world or anything in the world. If anyone loves the world, the love of the Father is not in him. For everything in the world-the cravings of sinful man, the lust of his eyes and the boasting of what he has and does-comes not from the Father but from the world(1 John 2:15-16).
이 세상이나 세상에 있는 것들을 사랑하지 말라 누구든지 세상을 사랑하면 아버지의 사랑이 그 안에 있지 아니하니 이는 세상에 있는 모든 것이 육신의 정욕과 안목의 정욕과 이생의 자랑이니 다 아버지께로부터 온 것이 아니요 세상으로부터 온 것이라(요일 2:15-16).

All a man's ways seem right to him, but the Lord weighs the heart(Proverbs 21:2).
사람의 행위가 자기 보기에는 모두 정직하여도 여호와는 마음을 감찰하시느니라(잠 21:2).

"What good is it for a man to gain the whole world, yet forfeit his soul? Or what can a man give in exchange for his soul?"(Mark 8:36-37).
사람이 만일 온 천하를 얻고도 자기 목숨을 잃으면 무엇이 유익하리요. 사람이 무엇을 주고 자기 목숨과 바꾸겠느냐(막 8:36-37).

Jesus answered them, "It is not the healthy who need a doctor, but the sick. I have not come to call the righteous, but sinners to repentance"(Luke 5:31-32).
예수께서 대답하여 이르시되 건강한 자에게는 의사가 쓸 데 없고 병든 자에게라야 쓸 데 있나니. 내가 의인을 부르러 온 것이 아니요 죄인을 불러 회개시키러 왔노라(눅 5:31-32).

Do not boast about tomorrow, for you do not know what a day may bring forth(Proverbs 27:1).
너는 내일 일을 자랑하지 말라 하루 동안에 무슨 일이 일어날지 네가 알 수 없음이니라(잠 27:1).

10 NO OTHER WAY OF SALVATION
다른 종교에는 구원이 없음

❶ There is no other way to salvation in the world but Jesus Christ and His cross. What is the right road you think is the right road must lead to death.
예수 그리스도와 그의 십자가외에는 이 세상에 구원으로 인도하는 길은 없습니다. 사람의 생각에 옳은 길로 보여도 죽음으로 인도할 뿐입니다.

✓ 참조할 성경구절

There is a way that seems right to a man, but in the end it leads to death(Proverbs 14:12).
어떤 길은 사람이 보기에 바르나 필경은 사망의 길이니라(잠 14:12).

For since the creation of the world God's invisible qualities-His eternal power and divine nature-have been clearly seen, being understood from what has been made, so that men are without excuse(Romans 1:20).
창세로부터 그의 보이지 아니하는 것들 곧 그의 영원하신 능력과 신성이 그가 만드신 만물에 분명히 보여 알려졌나니 그러므로 그들이 핑계하지 못할지니라(롬 1:20).

11 MADE HEAVENLY CITIZENS
천국 시민이 됨

① Now you and I are citizens of Heaven, so we have to eagerly wait for our Savior and His kingdom to come.
이제 당신과 저는 천국 시민입니다. 그러므로 우리는 우리의 구세주와 그의 나라가 임하심을 간절히 기다려야 합니다.

✓ 참조할 성경구절

But our citizenship is in heaven. And we eagerly await a Savior from there, the Lord Jesus Christ(Philippians 3:20).
그러나 우리의 시민권은 하늘에 있는지라 거기로부터 구원하는 자 곧 주 예수 그리스도를 기다리노니(빌 3:20).

12 HOLY SPIRIT
성령

❶ The Holy Spirit directs your lives, and you will not satisfy the desires of the human nature.
성령이 귀하의 삶을 인도하십니다. 그렇게 되면 귀하는 인간의 정욕을 이루지 아니하실 것입니다.

❷ My message is delivered with convincing proof of the power of God's Spirit.
제가 전하는 말씀은 하나님의 영의 나타남과 능력으로 전달됩니다.

✓ 참조할 성경구절

You, however, are controlled not by the sinful nature but by the Spirit, if the Spirit of God lives in you. And if anyone does not have the Spirit of Christ, he does not belong to Christ(Romans 8:9).
만일 너희 속에 하나님의 영이 거하시면 너희가 육신에 있지 아니하고 영에 있나니 누구든지 그리스도의 영이 없으면 그리스도의 사람이 아니라(롬 8:9).

Because you are sons, God sent the Spirit of His son into our hearts, the Spirit who calls out, "Abba, Father"(Galatians 4:6).
너희가 아들이므로 하나님이 그 아들의 영을 우리 마음 가운데 보내사 아빠 아버지라 부르게 하셨느니라(갈 4:6).

So I say, live by the Spirit, and you will not gratify the desires of the sinful nature(Galatians 5:16).
내가 이르노니 너희는 성령을 따라 행하라 그리하면 육체의 욕심을 이루지 아니하리라(갈 5:16).

My message and my preaching were not with wise and persuasive words, but with a demonstration of the Spirit's power, so that your faith might not rest on men's wisdom, but on God's power(1 Corinthians 2:4-5).
내 말과 내 전도함이 설득력있는 지혜의 말로 하지 아니하고 다만 성령의 나타나심과 능력으로 하여, 너희 믿음이 사람의 지혜에 있지 아니하고 다만 하나님의 능력에 있게 하려 하였노라(고전 2:4-5).

13 LOVE EACH OTHER
서로 사랑하라

❶ Please be always humble toward others and make them feel important.
언제나 다른 사람들에게 겸손하며, 그들을 존귀히 여기십시오.

❷ We should love each other with true heart and action, not with words.
우리는 말로서가 아니라, 진실된 마음과 행동으로 서로 사랑해야 합니다.

❸ We should always try to make the other feel important.
우리는 언제나 상대방을 중요한 사람으로 대접해야 합니다.

✔ **참조할 성경구절**

Dear children, let us not love with words or tongue but with actions and in truth(1 John 3:18).
자녀들아 우리가 말과 혀로만 사랑하지 말고 행함과 진실함으로 하자 (요일 3:18).

Do nothing out of selfish ambition or vain conceit, but in humility consider others better that yourselves. Each of you should look not only to your own interests, but also to the interests of others(Philippians 2:3-4).
아무 일에든지 다툼이나 허영으로 하지 말고 오직 겸손한 마음으로 각각 자기보다 남을 낫게 여기고, 각각 자기 일을 돌볼뿐더러 또한 각각 다른 사람들의 일을 돌보아 나의 기쁨을 충만하게 하라(빌 2:3-4).

14 BRIDGE TO LIFE
생명에 이르는 다리

❶ The Bible teaches that God loves all men and wants them to know Him.
But man is separated from God and His love.
"God is on one side and all the people on the other side" (1 Timothy 2:5).
하나님은 한 분이시요 또 하나님과 사람 사이에 중보자도 한 분이시니 곧 사람이신 그리스도 예수라(딤전 2:5).

WHY IS MAN SEPARATED FROM GOD AND HIS LOVE?
왜 인간은 하나님과 그의 사랑에서 분리되어 있습니까?

❷ Because he has sinned against God.
"Your sins have cut you off from God"(Isaiah 59:2).
오직 너희 죄악이 너희와 너희 하나님 사이를 갈라놓았고 너희 죄가 그의 얼굴을 가리어서 너희에게서 듣지 않으시게 함이니라(사 59:2).

"All have sinned and fall short of the glory of God" (Romans 3:23).
모든 사람이 죄를 범하였으매 하나님의 영광에 이르지 못하더니(롬 3:23).

WHERE DOES THIS SEPARATION LEAD?
이러한 분리의 결과 어떻게 됩니까?

❸ This separation leads only to death and ceratin judgment.
"Man is destined to die once, and after that to face judgment"(Hebrews 9:27).
한 번 죽는 것은 사람에게 정해진 것이요 그 후에는 심판이 있으리니
(히 9:27).

"Those who do not know God...will be punished with everlasting destruction and shut out from the presence of the Lord"(2 Thessalonians 1:8-9).
하나님을 모르는 자들과 우리 주 예수의 복음에 복종하지 않는 자들에게 형벌을 내리시리니, 이런 자들은 주의 얼굴과 그의 힘의 영광을 떠나 영원한 멸망의 형벌을 받으리로다(살후 1:8-9).

BUT THERE IS A SOLUTION.
그러나, 해결책이 있습니다.

❹ Jesus Christ, who died on the cross for our sins, is the way to God.
"God is on one side and all the people on the other side, and Christ Jesus, Himself man, is between them to bring them together, by giving His life for all mankind"
(1 Timothy 2:5-6).
하나님은 한 분이시요 또 하나님과 사람 사이에 중보자도 한 분이시니 곧 사람이신 그리스도 예수라. 그가 모든 사람을 위하여 자기를 대속물로 주셨으니 기약이 이르러 주신 증거니라(딤전 2:5-6).

"Christ died for sins once for all... to bring you to God"
(1 Peter 3:18).
그리스도께서도 단번에 죄를 위하여 죽으사 의인으로서 불의한 자를 대신하셨으니 이는 우리를 하나님 앞으로 인도하려 하심이라 육체로는 죽임을 당하시고 영으로는 살리심을 받으셨으니(벧전 3:18).

DOES THIS INCLUDE EVERYONE?
모든 사람이 포함됩니까?

❺ Yes. But those who personally receive Jesus Christ into their lives, trusting Him to forgive their sins, can cross this bridge. "To all who received Him, to those who believed in His name, He gave the right to become children of God" (John 1:12).
영접하는 자 곧 그 이름을 믿는 자들에게는 하나님의 자녀가 되는 권세를 주셨으니(요 1:12).

Jesus says, "Here I am! I stand at the door and knock. If anyone hears My voice and opens the door, I will go in and eat with him, and he with Me"(Revelation 3:20).
볼지어다 내가 문 밖에 서서 두드리노니 누구든지 내 음성을 듣고 문을 열면 내가 그에게로 들어가 그와 더불어 먹고 그는 나와 더불어 먹으리라 (계 3:20).

HOW DOES A PERSON RECEIVE JESUS CHRIST?
사람이 어떻게 예수 그리스도를 영접 할 수 있습니까?

EVERYONE MUST DECIDE INDIVIDUALLY WHETHER TO RECEIVE CHRIST.
그리스도를 받아들이는 결정은 개인이 해야 합니다.

❻ Jesus said, "You may ask Me for anything in my name, and I will do it"(John 14:14).
내 이름으로 무엇이든지 내게 구하면 내가 행하리라(요 14:14).

Therefore, if you pray sincerely, asking Him this:
Lord Jesus, please come into my life and be my Savior and Lord.

Please forgive my sins, and give me the gift of eternal life.
주 예수님, 제 삶 속에 들어오셔서 저의 구주가 되소서.
저의 죄를 용서하시고, 영생을 주옵소서.
---HE WILL DO IT NOW.
지금 그 분이 시행하실 것입니다.

❼ If you have invited Jesus Christ into your life, the Bible says you now have eternal life.
"God has given us eternal life, and this life is in His Son. He who has the Son has life; he who does not have the Son of God does not have life"(1 John 5:11-12).
또 증거는 이것이니 하나님이 우리에게 영생을 주신 것과 이 생명이 그의 아들 안에 있는 그것이니라. 아들이 있는 자에게는 생명이 있고 하나님의 아들이 없는 자에게는 생명이 없느니라(요일 5:11-12).

('bridge to life' Navpress, 1969 by The Navigators에서 인용)

PART THREE

HOW TO PRAY IN ENGLISH
(영어기도법)

section 01 INTRODUCTION
도입

❶ 영어 일반문의 기본 문형

주어 + 동사 + 보어/목적어(직접 목적어/간접 목적어) + 목적 보어 + 부사

I am a Christian.
저는 예수 믿는 사람입니다.

God blesses His people.
하나님은 자기 백성을 축복하신다.

❷ 영어 기도문의 기본 문형

(a) (May) God + 동사 원형(R) · · · · · · · · (기원문)

May God bless you!
하나님의 축복이 당신과 함께 하시길!

(b) (Please) + R · · · · · · · · · · · · · · (간구/명령)

Please forgive me my sins!
저의 죄를 사하여 주소서!

(c) 부사(구) + 주어 + 동사 · · · · · · · · · · (도치문 - 강조를 위하여)

In God we trust! = We trust in God.
우리는 하나님을 믿습니다.

❸ 주어 : 개인기도 - 'I' / 공중 기도 - 'We'

I thank you for your unlimited love.
한없는 주님의 사랑을 감사합니다.

We thank you for your protection.
주님의 보호하심을 감사드립니다.

We pray for our poor neighbors.
가난한 우리의 이웃을 위하여 기도합니다.

**❹ Thee = You, Thy = Your, thine = your, yours
(thy : 자음앞, thine : 모음 앞에 쓰임)**

Thy kingdom come.
당신의 나라가 임하옵시며.

Thine is the kingdom.
나라가 당신께 있사옵나이다.

❺ 저로 하여금 --- 하게 하옵소서!

Let me + (R) ------ !

Let me live in your love!
주의 사랑 안에 거하게 하소서.

❻ 저로 하여금 ---가 되게 하옵소서!

Make me + R ---!

Make me your faithful servant!
저를 주님의 충성스러운 종으로 삼아 주옵소서!

❼ 저로 하여금 ---하게 도와주소서!

Help me + (to) R ---!

Help me (to) be delightful in the midst of distress!
절망 가운데서도 기뻐하게 하소서!

❽ 저에게 ---를 주시옵소서!

Give me -----!

Give me courage to preach your Gospel anywhere any time!
언제 어디서나 주의 복음을 전할 수 있는 담대함을 주옵소서!

SECTION 02
THE KINDS OF PRAYER
기도의 종류

1) The Lord's Prayer (주기도문)
2) The Apostles' Creed (사도신경)
3) The Benediction (4 examples) (축도; 4종류)
4) A General Thanksgiving (일반적인 감사기도의 예)
5) Grace (식사기도)

❶ The Lord's Prayer (주기도문)

Our Father, which[1] (who) art[2] (are) in heaven, hallowed be Thy name, Thy Kingdom come, Thy will be done, on earth as it is in heaven. Give us this day our daily bread; and forgive us our trespasses, as we forgive them that trespass against us; and lead us not into temptation, but deliver us from evil. For thine is the kingdom, the power, and the glory, for ever and ever. Amen.

1 which = 고어에서 who
2 art = be의 주어가 2인칭 단수일 때

❷ The Apostles' Creed
(사도신경)

I believe in God the Father Almighty, Maker of heaven and earth: And in Jesus Christ His only son our Lord, who was conceived by the Holy Ghost, born of the Virgin Mary, suffered under Pontius Pilate, He descended into hell; The third day He rose again from the dead; He ascended into heaven, and sitteth on the right hand of God the Father Almighty; From thence he shall come to judge the quick and the dead. I believe in the Holy Ghost; The Holy Christian (catholic) church, the Communion of Saints; The forgiveness of sins; The resurrection of the body, and the life everlasting. Amen.

❸ The Benedictions
(축도)

The grace of our Lord Jesus Christ, and the love of God, and the Communion of the Holy Spirit, be with you all(2 Corinthians 13:13). Amen.
주 예수 그리스도의 은혜와 하나님의 사랑과 성령의 교통하심이 너희 무리와 함께 있을지어다(고후 13:13). 아멘.

The Lord bless you and keep you. The Lord make His face to shine upon you and be gracious unto you. The Lord life up His countenance upon you, and give you peace(Numbers 6:24-26). Amen.
여호와는 네게 복을 주시고 너를 지키시기를 원하며, 여호와는 그의 얼굴을 네게 비추사 은혜 베푸시기를 원하며, 여호와는 그 얼굴을 네게로 향하여 드사 평강 주시기를 원하노라(민 6:24-26). 아멘.

④ An example of general thanksgiving prayers (일반적인 감사기도의 예)

Almighty God. Father of all mercies, we Thine unworthy servants do give Thee most humble and hearty thanks for all Thy goodness and loving kindness to us, and to all men. We bless Thee for our creation, preservation, and all the blessings of this life; but above all, for Thine inestimable love in the redemption of the world by our Lord Jesus Christ for the means of grace, and for the hope of glory. And, we beseech Thee, give us that due sense of all Thy mercies, that our hearts may be unfeignedly thankful, and that we shew forth Thy praise, not only with lips, but in our lives; by giving up ourselves to Thy service, and by walking before Thee in holiness and righteousness all our days; through Jesus Christ our Lord, to whom with Thee and the Holy Ghost, be all honor and glory, world without end. Amen.

전능하신 하나님, 자비가 풍성하신 아버지, 당신의 천한 종들이 저희를 향하신 당신의 모든 선하시며 친절한 사랑에 겸허하고도 진실 어린 감사를 드립니다. 저희를 창조하시고, 보호하시고, 이렇게 삶의 축복을 주심을 충심으로 감사드립니다. 그러나 무엇보다도, 우리 주 예수 그리스도로 말미암아 세상을 구원하신 측량할 수 없는 사랑과, 은혜의 수단과 영광의 소망을 갖게 하심을 감사드립니다. 또한 간구하옵는 것은 주님의 모든 인자하심을 분별할 수 있게 하여 주옵시고, 저의 심령이 진심으로 감사하게 하옵시며 입술로만이 아니라 삶 속에서 주님을 찬양하게 하옵소서. 우리 자신들을 바쳐 주님을 위해 봉사하게 하시고, 우리가 사는 날 동안 주님 앞에서 거룩함과 의로 걸어가게 하소서. 성부 그리고 성령과 함께, 모든 존귀와 영광을 영원히 돌릴 예수 그리스도 우리 주님의 이름으로 기도합니다. 아멘.

❺ Grace
(식사기도)

Our Father, we thank you for this food at your sweet Christian home. Please bless this food so that we may be strong enough to live for you, in you, and with you every day. We pray for those who are in need. We ask that you may bless those who are starving in poor areas and countries. For Jesus' name. Amen!

우리 아버지, 행복한 당신의 기독교 가정에 이 음식을 주심을 감사합니다. 이 음식을 축복하셔서 날마다 당신을 위하여, 당신 안에서, 당신과 함께 살아갈 수 있는 능력을 주옵소서. 어려움에 처한 분들을 위하여 기도합니다. 가난한 지역과 나라에서 굶주리는 자들을 축복하여 주시기를 간구합니다. 예수님 이름으로 기도합니다. 아멘!

SECTION 03

THE COMMON PRAYER
일반 기도문 작성법

❶ OPENING PRAYER (기도 시작)

1) 하늘에 계신 우리 아버지
   Our heavenly Father.
   Our Father in heaven.

2) 은혜로우신 하나님
   Our gracious God.

3) 사랑의 하나님
   Our God of love.

4) 내 의의 하나님이여
   O God of my right/righteousness.

5) 나의 왕, 나의 하나님이여
   My king and my God.

6) 지극히 높으신 여호와여
   the Lord, the Most High.

7) 거룩하신 하나님
   Our holy God.

8) 전능하신 하나님
   Almighty God.

9) 나를 구원하여 주신 살아 계신 나의 하나님
My savior, living God.

10) 만군의 여호와
Lord Almighty.

11) 모든 신 위에 크신 왕
the great king above all gods.

12) 자비하신 하나님
Our compassionate God.

13) 사랑 많으신 하나님
Our Lord abounding in love.

❷ DEVELOPMENT (기도의 전개)

1) 신뢰와 확신 (Trust and faith in God)

여호와를 경외합니다.
We fear our Lord.

여호와를 섬깁니다.
We serve our Lord.

여호와를 경외하므로 섬깁니다.
We serve the Lord with fear.

주님은 나의 영광이십니다.
O Lord, you are my glory. You bestow glory on me.

여호와를 의지합니다.
I depend on my Lord.

여호와께 모든 것을 맡깁니다.
I commit everything to you.

여호와께 굽혀 경배합니다.
I bow down in worship.

우리를 지으신 여호와 앞에 무릎을 꿇습니다.
I kneel before the Lord our Maker.

2) 감사와 찬양 (Thanksgiving and Praising)

감사합니다.
We thank you, Lord.
We give thanks to you.

사랑(은혜, 구원, 보호…)을 감사합니다.
We thank you for your love(grace, deliverance, care…).
We extol thee.

여호와를 찬양합니다.
We sing praise to you.
We praise you.
We extol thee.
Hallelujah.

여호와의 이름을 찬양합니다.
We sing praise to the name of the Lord.
We praise your name.

지극히 높으신 여호와의 이름을 찬양합니다.
I sing praise to the name of the Lord Most High.

진심으로 감사합니다.
I give thanks to you with my whole heart.
All my heart.

여호와를 사랑합니다.
We love thee, O, Lord.

주께 감사하오며, 주의 이름을 찬송합니다.
We extol thee and sing praise to thy name.
We give thanks unto thee, and sing praise to thy name.

주님의 무한하신 자비에 감사드립니다.
We thank you for your unlimited mercy.

주를 의지합니다.
In thee I trust.
I trust in thee.

여호와는 나의 빛이요 구원이십니다.
The Lord is my light and salvation.

영광과 능력을 여호와께 드립니다.
I ascribe to the Lord glory and strength.
I give unto the Lord the glory and strength.

여호와의 이름에 합당한 영광을 돌립니다.
I ascribe to the Lord the glory of his name.
I give unto the Lord the glory due unto his name.

주는 저의 주시오매, 주밖에는 저의 복이 없나이다.
You are my Lord; apart from you I have no good thing.

저의 속에 주의 크신 사랑이 나타나게 하소서.
Let your great love display in me.

3) 회개 (Repentance)

우리의 죄(허물)를 용서하소서.
Please forgive us our sins(trespasses).

저로 하여금 다시는 고범죄를 짓지 말게 하소서.
Keep back me from presumptuous sins again.
= Keep me from willful sins.

죄가 저를 주장치 못하게 하소서.
Let the sins not have dominion ever me.
　　　　　(rule over)

4) 간구 (Seeking/begging)

내가 부를 때에 응답하소서
Answer me when I call to you.
Hear me when I call to you.

나를 긍휼히 여기소서.
Be gracious to me.
Have mercy upon me.
Be merciful to me.

나의 기도를 들으소서.
Hear my prayer.

나의 말에 귀를 기울이소서.
Give ear to my words.

저의 심사를 통촉하소서(저의 묵상을 고려하소서).
Give heed to my groaning.
Consider my meditation.

나의 부르짖는 소리를 들으소서.
Hearken(=harken) to(=unto) the sound of my cry.
Listen to my cry for help.

아침에 나의 기도를 들으시는도다.
You hear my voice in the morning.
In the morning, O Lord, you hear my voice.

나는 연약합니다.
I am weak.

나의 영혼을 건지소서.
Deliver my soul.
Save my life.

주의 자비로 나를 구원하소서.
Save me for thy mercies' sake.
Deliver me for the sake of thy steadfast love.
Save me because of your unfailing love.

여호와여 저희를 … 로부터 보호하소서.
Protect us from …
Guard us from …
Keep me safe …

나를 생각하사 응답하소서.
Consider and answer me.
Look on me and answer.
Be mindful of me and answer.

사람들은 하나님이 없다 하며 부패하고 타락하였습니다.
People says in his heart, 'There is no God'. They are corrupt and do abominable deeds.

저로 하여금 실족치 않게 하옵소서.
Let me not slip.

나를 살피소서.
Prove me.
Examine me.

주의 산업에 복을 주시옵소서.
Bless thy inheritage.
Bless thine inheritance.

저를 권고하옵소서.
Please care for me.

내가 환난에서 주를 부릅니다.
In distress I call to my Lord, and I cry to you for help.

여호와여 나를 살피시고 시험하사 내 뜻과 내 마음을 단련하소서.
Test me, O Lord, and try me, examine my heart and my mind.

내가 주를 갈망하며 앙모하나이다.
I thirst for and long for you.

❸ CLOSE (끝맺음)

예수님 이름으로 기도합니다.
우리 구주 예수 그리스도 이름으로.
We / I pray in Jesus' name.
      His
      Your
We pray in the name of Jesus.
In the name of our saviour Jesus Christ we pray.
In Jesus precious name.
In the holy name of Jesus, we pray.
We pray in the name of Jesus who is the Resurrection and the Life.
For Jesus' sake.
For Christ sake.
We pray this for the sake of our Saviour Jesus Christ.
Through Jesus Christ our Saviour.

Section 04: MODELS OF SHORT PRAYERS
단편 기도문 작성의 예

❶ 주님, 주님께서는 밝고 아름다운 모든 것과 크고 작은 피조물과 현명하고 놀라운 것을 창조하셨습니다.

Our Lord, you made all things bright and beautiful, all creatures great and small, all things wise and wonderful (* made = created).

❷ 구주여, 주님 곁을 걷게 해주시고, 제가 주님에 대한 믿음을 갖게 하소서. 주님 능력 안에서 걸어가는 기쁨을 깨닫게 하소서.

Saviour, let me walk beside thee. Let me have my faith in thine. Let me know the joy of walking in thy strength.

❸ 주님은 결코 실족하지 않는 안내자이십니다. 주님이 저를 인도하시니 제가 길을 잃지 않겠습니다.

Lord, you are my guide who never falter; and when you lead me, I cannot astray.

❹ 비록 우리의 인생 행로가 거칠고 황량할찌라도, 용감하게 걸어가며 하나님을 믿고 옳게 행하게 하옵소서.

Even when the road of our lives is rough and dreary, make us foot it bravely, trust in God and do the right.

⑤ 아버지, 오늘날 권력과 정당정치의 미궁 속에서 당직자들 모두를 위하여 현명하게 기도하게 하셔서 하나님의 뜻이 이 나라에 이루어지게 하옵소서.

Father, in the maze of today's power and party politics, help us to pray intelligently for all in positions of authority so that your will might be done in this country.

⑥ 은혜로우신 아버지, 하나님처럼 바로 볼 수 있는 영안을 열어주옵소서.

Our gracious Father, open my spiritual eyes to see as you see.

⑦ 사랑하시는 하나님, 심한 핍박을 당한 사람들을 위하여 기도합니다.
그들에게 위로 하늘로부터 힘과 능력을 주셔서 어려운 상황들을 극복할 수 있는 기회와 용기를 주옵소서.

Our loving God, we pray for the people who are facing fierce persecution. Give them the courage and bravery to overcome the difficult situations with the power and strength from the heaven above.

⑧ 저를 격려해 주는 분들을 주심을 감사드리오며, 저도 역시 그에 대한 보답으로 다른 사람들을 격려해 주는 사람이 되게 하옵소서.

I thank you for those who encourage me, and I pray that I, in tune, may also be an encourage of others.

⑨ 주여, 오늘날 이 도전적인 세계 상황 속에서 제가 할 수 있는 역할이 무엇인지를 가르쳐 주옵소서.

Lord, show me what part I can play in your work in today's challenging world situation.

⑩ 아버지여, 경건되게, 겸손함으로, 그리고 기쁨의 감사로 살아가도록 도와주옵소서.

Father, help me to approach reverently, in humility and with joyous thanksgiving.

⑪ 하나님이여 나를 살피사 내 마음을 아시며 나를 시험하사 내 뜻을 아옵소서(시 139:23)!

Search me, O God, and know my heart! Try me and know my thoughts(Psalm 139:23)!

⑫ 제가 당신의 말씀을 읽을 때 지혜를 주옵소서. 그리하여 오늘 제게 주시는 하나님의 말씀을 놓치지 않고 이해하게 하옵소서. 또한 지혜를 더하셔서 오늘 하루의 삶에서 우선순위를 분별하게 하소서.

Lord, give me wisdom as I read your word, so that I might not miss your word for me today, and give me another wisdom to discern the priorities in my today's life.

⑬ 우리에게 좋은 것들을 가르쳐 주시는 아버지, 우리가 어떻게 하여야 주님의 마음을 기쁘시게 해 드릴 수 있는지를 가르쳐 주옵소서.

Our Father, who teaches us all good things, show us how we may gladden your heart.

⑭ 신실하신 주님, 주께서 원하시는 소원이, 우리에 오셔서 우리와 맺은 모든 주의 약속들을 이루시는 것이니 주님을 찬양합니다.

We praise you, faithful Master, that your desire is to come to us and to fulfill all your grand promises to us.

⑮ 아버지, 오늘 하루 주의 인도하심을 구하옵고 정신과 마음을 엽니다.

Father, I open my mind, heart and will to you for your direction today.

⑯ 사랑의 주님, 저희 속에 거하셔서 제가 취해야 할 올바른 태도와 해야 할 적합한 말과 그리고 따라야 할 옳은 길이 무엇인지를 알게 하옵소서.

So dwell in me, dear Lord, that I might know the right attitude to take, the right words to speak and the right course to follow.

⑰ 사업과 정치에 종사하는 기독인들이 모든 거래 관계에서 하나님을 공경하는 용기와 지혜를 가질 수 있도록 기도합니다.

We pray for our fellow Christians in business and politics that they might have courage and wisdom to honor God in all their dealings.

⑱ 나로 하여금 깨닫게 하여 주소서 내가 주의 법을 준행하며 전심으로 지키리이다(시 119:34).

Give me understanding, and I will keep your law and obey it with all my heart(Psalm 119:34).

⑲ 겉으로 보이기 위해서가 아닌, 신령과 진정으로 예배드리게 도와주시옵소서(요 4:23).

Help me give you my worship in spirit and in truth and not in an outward show(John 4:23).

⑳ 아버지, 제가 하나님을 가까이하면, 하나님께서 저를 가까이하시리라는 약속을 믿습니다.

Father, I claim your promise that, as I draw near to you, so you will draw near to me.

㉑ 우리 지역에 있는 교회들을 위하여 기도하는 바, 하나님의 임재하심과 축복이 그곳에서 하나님을 찾는 분들에게 나타나시기를 원합니다.

We pray for the churches in our area, that the presence and blessing of God might be a reality to those who seek him there.

㉒ 내 영혼이 여호와의 궁정을 사모하여 쇠약함이여 내 마음과 육체가 살아 계시는 하나님께 부르짖나이다(시 84:2).

My soul yearns, even faints for the courts of the Lord: my

heart and my flesh cry out for the living God(Psalm 84:2).

㉓ 크신 하나님, 우리에게 끊임없이 임재하시고, 온갖 유혹에 빠지지 않도록 구해주옵소서.

Great God, be a constant presence to us, but deliver us from falling into temptation of every kind.

㉔ 하늘에 계신 아버지, 아버지께서는 높으셔서 하늘에 계시고, 또한 우리에게 귀를 기울이시며 용서하시는 아버지이심을 기억하게 도와주옵소서.

Heavenly Father, help us to remember that you are high and heavenly and also a listening and forgiving Father.

㉕ 지혜의 하나님을 찬양합니다. 이 세상의 모든 어리석은 것들의 소용돌이 속에 사는 우리들에게 오셔서, 세상 사람들이 보기에도 현명치 못한 저희들에게 참 길을 보여주옵소서.

We praise you, God of wisdom. In all the cacophony of the world's folly, you come to us, who are not wise in the eyes of the world, to show us the true way(cacophony=discord).

㉖ 지존하신 주님, 주의 말씀으로 저의 온 삶을 주장하여 주옵소서.

Sovereign Lord, exercise your Lordship over all my life by your word.

㉗ 주여, 저희로 하여금 먼저 그 나라와 그 의를 구하게 하소서(마 6:33).
Lord, help us to seek first the kingdom and its righteousness (Matthew 6:33).

㉘ 주여, 우리로 하여금 주님을 사랑하고, 모든 다른 충성보다도 더한 충성을 하게 하옵소서.

Lord, help us to love and be loyal to you above all other loyalties.

㉙ 주여, 비록 주의 말씀이 듣기 어려운 상황일지라도 그 말씀을 듣게 하옵소서.

Help us to hear your word Lord, even when it may be a hard word to hear.

㉚ 하늘에 계신 아버지, 당신은 선하심과 반석 같은 진리가 충만하십니다.
저도 하나님과 같도록 인도하소서.

Heavenly Father, you are full of goodness and truth that is rock solid.
Teach me to be like you.

㉛ 오, 주여 끊임없이 주의 음성에 귀 기울이게 하여 주옵소서.

O Lord, grant that my ears may constantly be in tune with you.

㉜ 하나님 우리가 무사히 그곳에 닿게 해 주시옵소서.

God, grant that we get there alive.

㉝ 아버지, 계속하여 당신께 순종할 수 있는 용기와 남마다 결정을 내릴 때 지혜를 주옵소서. 하나님에 대한 헌신(충성)보다 금전을 더 중시하지 않게 도와주소서.

Father, give me courage to continue to act in obedience to you and wisdom in making daily decisions. Help me never to put finances before allegiance to you.

㉞ 아버지, 주님을 순종하여, 순종의 열매를 맛보게 하옵소서.

Father, give me the joy of obeying you so that I may know the fruit of obedience.

㉟ 아버지, 주님을 끝까지 순종하는 은혜와 힘을 주옵소서.

Father, give me the grace and strength to be obedient to you to the end.

㊱ 아버지, 주님을 기쁘시게 해 드리지 못하는 모든 것을 멀리하며 행할 수 있는 용기를 주심을 감사합니다. 항상 주님께 성실하게 하옵소서.

Father, I thank you for giving me the courage to act in putting away all that displeases you. Keep me faithful to you always.

㊲ 주여, 저희들을 떠나지도 버리시지도 않겠다고 하신 약속을 믿고, 제가 당하는 어려움 속에서 주님을 의지합니다.

Lord, I trust you in difficult situations I face because you have promised 'never to leave us or forsake us'. I know you love me.

㊳ 하나님, 어려움과 사망이 엄습합니다. 저로 하여금 하나님께 가까이 나아가 당신의 사랑을 깨달을 수 있는 기회를 주옵소서.

God, difficulties or death do come. Give me opportunity to draw near to you and know your love.

㊴ 하나님 나의 아버지, 당신의 능력보다 더하거나 당신의 사랑을 능가하는 것은 아무것도 없습니다. 당신은 저의 삶에서 놀라운 일들을 행하십니다. 제가 주님을 믿사오니 저의 불신을 돌아보아 주옵소서.

God, my Father, nothing is beyond your power, or outside your love. You can do amazing things in my life. I believe Lord; help my unbelief.

㊵ 주여, 제 삶 속에서 주님의 역사하심을 깨닫고 인정하게 언제나 도와주소서. 주님께서 가장 좋은 것을 아십니다.

Lord, help me always to recognize and accept your work in my life. You know best.

㊶ 예수님께서 실재로 계심을 볼 수 있도록 영안을 열어 주시니 감사합니다. 지금도 살아계신 예수님을 믿습니다. 예수님은 저의 사랑과 헌신을 받으시기에 합당하신 분이란 것도 알고 있습니다.

Thank you Lord for opening my eyes to see the reality of Jesus. I believe in Jesus who is alive today. I know he deserves my love and devotion.

㊷ 주여, 오늘 제 가슴을 주님을 찬양하는 마음으로 가득 채워 주소서. 그리하여 제가 하는 모든 것을 향내 내게 하옵소서.

Lord, fill my heart with praise today, and let it flavour all things I do.

㊸ 주님을 왕으로 주로 경배하면서, 주님께 찬양을 하는 세계 도처의 무리들 가운데 제가 속하게 되어 기쁩니다.

I am glad to be amongst the crowds around the world bringing praise to Jesus as we honor him, King and Lord.

㊹ 예수님을 따라가는 일이 반드시 쉬운 것은 아니지만, 저는 그의 온전한 제자가 되기를 원합니다.

To follow Jesus is not always easy, but I pray that I will fully be his disciple.

㊺ 제가 날마다 성경을 읽으며, 기도하며, 성도의 교제를 할 때 언제나 예수님을 만나게 하옵소서. 예수님께서 본문(성경)에서 주시고자 하시는 진정한 제자도의 분량을 채우게 하소서.

Help me to see Jesus everyday as I read the Scriptures, as I pray and as I enjoy Christian fellowship. May I fulfill the measure of true discipleship Jesus presents in this passage.

㊻ 주님, 주께서 우리를 구원하시기 위하여 죽음 당하신 것을 매우 감사드립니다.

Lord, I am so thankful that you faced death for our salvation.

㊼ 주님, 주님께서 저의 삶을 인도하시는 길과 이 시간 이 땅 위에서의 주의 목적을 보다 완전하게 이해하기를 소망합니다.

Lord, I desire to understand more perfectly the way you are leading my life and your purpose on earth at this time.

㊽ 주님, 성령의 역사하심을 볼 수 있게 하시며, 그의 인도하심을 보다 확실히 알게 하옵소서.

Lord, help me to see the Holy Spirit at work and understand more clearly his leading.

㊾ 아버지, 예수 그리스도의 복음의 축복을 볼 수 있는 영안을 열어 주심을 감사합니다.

Father, thank you for opening our eyes to see the blessings of the Gospel of Jesus Christ.

Section 05: PRAYERS BY TOPICS
주제별 기도문

① Let us Pray
(기도를 위한 기도)

Lord, teach us how to pray aright,
 With reverence and with fear;
Though dust and ashes in thy sight,
 We may, we must, draw near.

God of all grace, we come to thee
 With broken contrite hearts;
Give, what thine eye delights to see,
 Truth in the inward parts;

Faith in the only sacrifice
 That can for sin atone;
To cast our hopes, to fix our eyes,
 On Christ, on Christ alone.

Give these, and then thy will be done;
 Thus, strengthened with all might,
We, through thy Spirit and thy Son,
 Shall pray and pray aright.
We pray in the name of Jesus, thy only Son.

주여, 우리에게 올바른 기도법을 가르쳐 주옵소서.
존경과 경외하는 마음으로 기도하는 법을 말입니다.
주님 보시기에는 비록 티끌이나 재 같을 지라도,
우리들을 주님 가까이 이끄소서.
모든 은혜를 베푸시는 하나님, 하나님께 나아갑니다.
통회 자복하는 마음으로.
하나님 보시기에 즐겨 하시는 것,
마음속에 진리를 주시옵소서.

유일한 희생양을 믿는 믿음으로
죄를 속할 수 있나이다.
우리의 소망들을 그리스도에게,
우리의 안목들을 그리스도에게만 고정시키게 하소서.

이러한 것들을 주옵시고, 하나님의 뜻을 이루어 주소서.
그리하여, 전능으로 강하게 하옵소서.
하나님의 영과 아들을 통하여,
우리로 하여금 기도하게 하소서, 합당한 기도를.
독생자 예수님의 이름으로 기도드립니다.

Heavenly Father, we come to you in the greatness of your love and lift up our hearts in prayer and praise. We thank you that the way to your presence is always open through Jesus Christ and that you invite us to draw near in full assurance of faith. Help us to pray simply and sincerely, unselfishly and gratefully, remembering the needs of others as well as our own, and giving thanks always for all things in the name of Christ our Lord.

하늘에 계신 아버지, 크신 주의 사랑으로 당신께 나아갑니다. 기도와 찬양으로 우리의 마음을 올려 드립니다. 예수 그리스도를 통하여 당신의 존전으로 나아가는 길이 항상 열려 있음을 감사하오며, 확신에 찬 믿음으로 우리를 당신 가까이로 초대하시니 감사합니다. 우리로 단순히, 성실히, 이기심을 버리고, 감사하는 마음으로 기도하게 하시고, 우리의 필요와 다른 사람들의 필요를 기억하게 하시고, 항상 범사에 감사하게 하소서. 예수님의 이름으로 기도드립니다.

We thank you, Lord Christ, for the promise of your presence to the two or three who gather in your name. Help us to remember that you are with us now as we meet together to pray. Make us of one heart and mind, that we may agree in what we ask; and as we ask in your name, so may we pray in accordance with your will, and glorify our Father in heaven.

주 그리스도여, 주님의 이름으로 모이는 두세 사람에게 함께하시겠다고 약속하신 것을 감사합니다. 우리가 함께 기도 하는 이 시간 주님께서 우리와 함께 하심을 기억하게 하소서. 우리의 마음과 정신이 하나 되게 하셔서, 우리가 같은 것을 구하게 하시고, 우리가 주님의 이름으로 구하는 것같이 하나님의 뜻에 따라 구하게 하시고, 하늘에 계신 우리 아버지를 영화롭게 하게 하소서.

❷ **Giving Thanks**
(감사의 기도)

O God of love, make us more thankful for all the boundless mercies of our daily life. Forgive us that we are so often ungrateful, complaining and discontented, taking for granted your greatest gifts: the blessings of health, the comforts of home and family life, the joys of friendship, the wonders of your creation. Teach us day by day to number our blessings and to receive each one as from our Father's hand; and fill our lives with gratitude, our lips with praise; for the sake of Jesus Christ our Lord.

오 사랑의 하나님, 날마다 저희들의 삶에 무한하신 자비를 베푸신 하나님께 더욱 감사를 드립니다. 감사치 못하고, 불평하며, 불만족하며, 하나님의 크신 은사들, 건강의 축복들, 편안한 가정생활, 친구와의 즐거운 우정 생활, 경이로운 하나님의 창조의 솜씨들을 당연하게 여기는 저희들을 용서 하소서. 날마다 하나님의 축복들을 헤아려 보게 하시고, 이 축복들이 하나님의 손길로부터 온 것임을 알게 하시고, 우리의 삶 속에서 감사가 충만케 하시고, 우리의 입술로 찬양케 하소서. 우리 주 예수 그리스도의 이름으로 기도합니다.

❸ Christian marriage
(기독교적 결혼)

God our Father, who made men and women to live together in families: we pray that marriage may be held in honour; that husbands and wives may live faithfully together, according to their vows; and that the members of every family may grow in mutual love and understanding, in courtesy and kindness, so that they may bear one another's burdens and so fulfil the law of Christ; for his name's sake.

남자와 여자를 만드시고 함께 가족으로 살아가게 하신 하나님 우리 아버지, 결혼이 명예롭게 이루어지게 하시고, 남편과 아내가 서약한 되로 성실하게 살게 하시고, 온 가족이 서로의 사랑과 이해와 예의와 친절 안에서 자라 가게 하셔서, 서로의 짐을 지게 하시고, 그리스도의 법을 지키게 하소서, 예수님의 이름으로 기도합니다.

❹ The birth of a child
(출생)

Heavenly Father, how good you are! How wonderful are your works! We praise you for all your gifts and especially for your gift to us of this dear child. We take him to our hearts and welcome him to our home as a token of your love; and gratefully we give him back to you, to love and serve you all his days, in the name of Jesus our Lord.

하늘에 계신 아버지, 당신이 얼마나 선하신지요! 당신의 솜씨가 얼마나 놀라우신지요! 당신이 주신 모든 선물들을 인하여 찬양하오며, 특별히 이 귀여운 아기를 선물로 주신 것을 찬양합니다. 이 아이를 우리의 마음에 받아들이며, 당신의 사랑의 증표로 우리 가정에 영접합니다; 감사하는 마음으로 이 아이를 당신께 되돌려 드리오니, 이 아이의 일생 동안 당신을 사랑하며 섬기게 하옵소서. 우리 주 예수 그리스도의 이름으로 기도드립니다.

❺ The blessing of a new home
(새 가정을 위한 축복기도)

Lord, bless this house and all who live in it. Hallow it with your presence and your peace. Let it be a place where prayer is made, where love abounds, where your name is honoured; and may your fatherly hand be over us day by day, in our going out and coming in, now and for evermore.

주여, 이 집을 축복하시고, 그 속에 거하는 모든 이들을 축복하소서. 주님의 임재와 평안으로 이 집을 거룩하게 하소서. 기도가 이루어지는 곳이 되게 하시고, 사랑이 넘치는 곳이 되게 하시고, 주님의 이름이 존귀히 여겨지는 곳이 되게 하시고, 우리가 나가고 들어갈 때, 지금과 영원토록 날마다 아버지의 손길이 우리 위에 넘치게 하소서.

❻ Daily work
(매일의 직업을 위한 기도)

Lord Jesus Christ, we thank you that you have taught us, by word and example, the dignity and sanctity of all honest work. Help us in our daily duties to follow in your steps: to be faithful in whatever we undertake, to give always of our best, and in all things to act as your servants; to the glory of God the Father.

주 예수 그리스도여, 말씀과 본으로 모든 정직한 일의 존엄성과 고결함을 우리에게 가르쳐 주시니 감사합니다. 우리들의 매일 맡은 일 속에서 당신의 발자취를 따르게 하옵소서; 우리가 맡은 것은 무엇이든지 성실히 행하게 하옵시며, 우리의 최선을 다하게 하옵시며, 모든 일에 당신의 종으로 행하게 하옵소서; 하나님 아버지의 영광을 위해서.

❼ For one in hospital
(환자를 위한 기도)

Our loving Father, from whose mighty hands all life and healing come, have now within your own intensive care this suffering one dear to us. Give sleep tonight, give peace of heart, and freedom from anxious fear, that healing may be quietly at work. And since there is oneness in the face of sickness, let this your servant have an open heart to lift the hope of others who are there: to show that love of yours which never lets us go, nor ever fails, wherever we may be, whatever pain we suffer.

사랑하는 아버지, 하나님의 능하신 손에서 모든 생명과 나음이 나옵니다. 하오니 우리에게 소중한 이 분의 고통을 하나님께서 친히 강하게 보살펴 주옵소서. 오늘 밤 수면을 주시고, 마음의 평안을 주시고, 근심과 공포에서 벗어나게 하셔서 고요한 중에 나음을 입게 하옵소서. 병마에 꿋꿋이 맞서서, 당신의 종이 마음을 열게 하시고, 함께 있는 다른 사람들에게 소망을 나타내게 하시며, 당신의 사랑을 보여 주게 하셔서, 우리가 어디에 있든지, 어떤 고통을 당하든지, 실족하거나 실패하지 않게 하소서.

❽ The dying
(임종을 위한 기도)

We pray, O Lord, for your servant-whose life is drawing near its end. Give him your peace in his heart. May he know the Saviour's presence with him and rest his faith wholly in Him; that through your redeeming love he may enter into your eternal joy and join the heavenly host who live and praise you for evermore.

오 주님, 지금 생명의 종말이 가까운 당신의 종을 위하여 기도드립니다. 그의 마음속에 당신의 평안을 주옵소서. 그에게 구세주의 함께 하심을 알게 하시고, 전적으로 그분께만 믿음을 두게 하소서; 당신의 구속적 사랑을 통하여 당신의 영원한 기쁨에 들어가게 하시며 영생하며 당신을 찬양하는 천국의 주인의 자리에 동참하게 하소서.

⑨ The mentally ill
(정신적 고통을 당한 분을 위한 기도)

Heavenly Father, we remember to our comfort that you have in your special care all broken, outworn and imperfect minds. Give to those who live with them and minister to them the understanding and loving Spirit of Christ. Enlighten those who are tempted to laugh at such illness or regard it with shame; and to all who are thus separated in this life by barriers of mind, grant the peace and consolation of your Holy Spirit; through Jesus Christ our Lord.

하늘에 계신 아버지여, 당신께서는 상하고, 지치고, 불완전한 모든 마음들을 특별히 돌보아 주심을 우리가 기억하므로 위로가 됩니다.
그들과 함께 살며, 그들을 보살피는 자들에게 그리스도의 이해의 영과 사랑의 영을 주옵소서. 그러한 질병을 비웃거나 창피스럽게 여기고 싶은 유혹을 느끼는 자들을 깨우쳐 주소서;
그리고 정신적 장벽으로 이 세상 삶에서 소외된 모든 자들에게
성령의 평강과 위로를 허락하여 주옵소서;
우리 주 예수 그리스도의 이름으로 기도드립니다.

⑩ Our neighbours
(이웃을 위한 기도)

Heavenly Father, we thank you for our neighbours and for the people around us with whom we share our daily lives. We pray for those who are old and lonely; those isolated because of ill-health; and those who find it difficult to make friends. Show us what we can do to help, and teach us to be good neighbours; for Jesus' sake.

하늘에 계신 아버지, 우리에게 매일의 삶을 함께 나눌 수 있는 이웃과 주위의 사람들을 주심을 감사합니다. 연로하시고 외로운 사람들과 건강으로 격리된 사람들과 친구를 사귀기 어려운 사람들을 위하여 기도드립니다. 그들을 도울 수 있는 방법을 가르쳐 주시고, 그들에게 좋은 이웃이 되는 길을 가르쳐 주소서; 예수님의 이름으로 기도드립니다.

⑪ A prayer for peace
(평화를 위한 기도)

Give peace in our time, O Lord: peace and reconciliation among the nations; peace and unity within the churches; peace and harmony in our communities and our homes; peace and love in all our hearts; for the sake of Jesus Christ, our Saviour.

오 주여 우리 시대에 평화를 주옵소서. 국가와 국가 사이에 평화와 화해를, 교회 내에 평화와 단결을, 우리의 지역사회와 가정에 평화와 일치를, 우리 모두의 가슴에 평화와 사랑을 주옵소서. 우리 구주 예수 그리스도의 이름으로 기도합니다.

⑫ The local church
(교회를 위한 기도)

Thank you, Lord, for our local church: for those who have worshipped in it over the years and for those who serve it today. Grant that all who enter its doors may be enabled to renew their relationship with you and may find your peace, your strength, your grace, and above all your presence. Help us as a congregation to be outward looking, so that what we find within our fellowship we may share with those outside, for the benefit of all and for your greater glory, in Jesus Christ our Lord.

주여, 우리 교회를 주심을 감사드립니다. 오랜 햇수 동안 그곳에서 예배를 드리는 사람들과 오늘 교회를 섬기는 자들을 인하여 감사드립니다. 교회 문을 드나드는 모든 자들을 축복하셔서 그들이 당신과 새로운 관계를 맺을 수 있게 하시고, 당신이 주시는 평화와 능력과 은혜와 무엇보다도 당신의 임재를 맛보게 하소서.
우리가 회중으로서 우리의 안목을 밖으로 돌리게 하셔서, 우리들의 교제를 교회밖에 있는 자들과 나누게 하시며, 모든 사람에게 유익을 끼치며, 당신께 더 큰 영광을 돌리게 하옵소서. 우리 주 예수 그리스도의 이름으로 기도드립니다.

⑬ Before worship in church
(예배 전 준비 기도)

Heavenly Father, draw near to us as we draw near to you now in this hour of worship. Open our hearts to receive all that you have to give to us, and graciously accept all that we have to offer you, in the name of Jesus Christ our Lord.

하늘에 계신 아버지, 저희가 당신께 나아가는 이 예배 시간에 저희 가까이 오시옵소서. 당신이 우리에게 주시고자 하는 모든 것을 받을 수 있도록, 그리고 우리가 당신께 바쳐야 할 모든 것을 기꺼이 바칠 수 있도록 저희의 마음을 열어 주옵소서. 우리 주 예수 그리스도의 이름으로 기도드립니다.

⑭ Holy Communion
(성찬식 기도)

Come to us, Lord Jesus, in your risen power when we receive the bread of life and the cup of salvation. Cleanse our hearts from sin, that they may be worthy of so great a guest; and keep us abiding in your love, for your great name's sake.

주 예수여 저희가 생명의 떡과 구원의 잔을 받을 때에, 당신의 부활의 능력으로 저희들에게 찾아오소서, 저희의 마음을 죄에서 깨끗이 씻어 주셔서, 성찬에 참여하는 데 합당한 마음이 되게 하시며, 저희를 당신의 사랑 안에 계속 거하게 하소서. 주님의 위대한 이름으로 기도드립니다.

⑮ The baptism of a child
(유아 세례 기도)

Lord Jesus Christ, we thank you for your love for little children. When you were here on earth, you welcomed those who were brought to you, took them into your arms and blessed them. May your blessing be upon our dear child-whom we bring to you in baptism, to be received into the family of your Church. Grant that he may grow up to be a faithful member of that family, and may learn to love and serve you all his days; for your name's sake.

주 예수 그리스도여, 어린 아기를 사랑하여 주시니 감사드립니다. 당신께서 이 땅에 계시는 동안, 당신은 당신에게 나아오는 아기를 환영하시고, 팔에 안으사 복을 주셨습니다. 세례를 통하여 우리가 주님께로 데려와, 교회의 한 가족이 되기를 원하는 이 사랑스러운 아이에게 당신의 축복이 임하옵소서.

MEMO

MEMO

선교영어회화 & 영어기도법

Mission English Conversation & Standard English Prayer

1996년 02월 25일 초판 발행
2015년 09월 30일 개정증보판 1쇄 발행

| 지 은 이 | 차재국 · 배아론

| 편 집 | 이종만, 전희정
| 디 자 인 | 이수정, 김윤정
| 펴 낸 곳 | 사)기독교문서선교회
| 등 록 | 제16-25호(1980. 1. 18)
| 주 소 | 서울시 서초구 방배로 68
| 전 화 | 02) 586-8761~3(본사) 031) 942-8761(영업부)
| 팩 스 | 02) 523-0131(본사) 031) 942-8763(영업부)
| 홈페이지 | www.clcbook.com
| 이 메 일 | clckor@gmail.com
| 온 라 인 | 기업은행 073-000308-04-020, 국민은행 043-01-0379-646
  예금주: 사)기독교문서선교회

ISBN 978-89-341-1486-4 (03230)

* 낙장 · 파본은 교환해 드립니다.

이 도서의 국립중앙도서관 출판시 도서목록(CIP)은 서지정보유통지원시스템 홈페이지(http://seoji.nl.go.kr)와 국가자료공동목록시스템(http://www.nl.go.kr/kolisnet)에서 이용하실 수 있습니다.
(CIP제어번호: CIP2015023424)